Küchengeheimnisse der Antike

Andrew Dalby und Sally Grainger

Küchengeheimnisse der Antike

übersetzt von Roland Vocke
Fachlektorat und wissenschaftliche Beratung:
Heinrich Pleticha und
Otto Schönberger

Stürtz Verlag Würzburg

Familiäres Mahl: Relief vom Grab des Lucius Erennius Praesens.
An seiner Seite Frau und Kind.

SCHUTZUMSCHLAG VORNE *Wandgemälde aus Herculaneum,*
Museo Nazionale, Neapel.
HINTEN *Detail eines römischen Weinrankenmotivs aus Sidon, Libanon.*
SCHMUTZTITEL *Die Abbildung auf dieser frühen Silbermünze aus Selinus,*
einer griechischen Siedlung auf Sizilien, symbolisiert die Stadt:
Das griechische selinon *bedeutet „Sellerie".*
FRONTISPIZ *Getreide schenkte die Göttin Demeter der Menscheit. Als Triptolemos sich*
auf den Weg macht, es zu überbringen, reicht die Tochter Demeters ihm ein Trankopfer.
HAUPTTITEL *Kore, auch als Persephone bekannt, war dazu verdammt, sechs Monate*
im Jahr als Gefährtin Plutos in der Unterwelt zu verbringen. Gemalt um 430 v.Chr. für
den Töpfer Kodros.

Die Deutsche Bibliothek - CIP-Einheitsaufnahme
Küchengeheimnisse der Antike / Sally Grainger/Andrew Dalby.
Übers.: Roland Vocke. - Würzburg : Stürtz, 1996
Einheitssacht.: The classical cookbook <dt.>
ISBN 3-8003-0672-7
NE: Grainger, Sally; Dalby, Andrew; Vocke, Roland [Übers.]; EST

First published in the United Kingdom by British Museum Press,
London WC1B 3QQ
Übersetzung: Dr. Roland Vocke
Fachlektorat und wissenschaftliche Beratung:
Prof. Dr. Heinrich Pleticha und Dr. Otto Schönberger
Umschlaggestaltung: Th. & H. Selle, Leipzig
Druck: Printed in Italy
ISBN 3-8003-0672-7

Inhalt

Küchengeheimnisse der Antike

Halb gefüllt, wurde diese frühe griechische Trinkschale zu einem Teich, an dessen Ufern Wasservögel umherspazierten.

Wir haben mit diesem Buch etwas ganz Neues unternommen. Über die Sammlung römischer Küchenrezepte des Apicius ist bereits vielfach geschrieben worden. Erstmals werden hier jedoch Rezepte aus der gesamten Welt der Antike nach griechischen und römischen Texten zusammengetragen und für die modernen Küche neu belebt. Wir haben die so entstandenen Speisekarten neben Bilder und Berichte von Festessen und Trinkgelagen aus jenen Zeiten gestellt und hoffen, daß das Ergebnis dazu beiträgt, den großen zeitlichen Abstand zwischen modernen kulinarischen Gewohnheiten und den Geschmacksrichtungen, Düften und dem lebendigen Treiben einer fernen Vergangenheit zu überbrücken.

Sally Grainger dankt all jenen, die von ihren Küchenexperimenten gekostet und durch ihren Rat dazu beigetragen haben, daß das Buch in dieser Form erscheinen konnte. Ihre Ratschläge waren unersetzlich, als es darum ging, Rezepte auszuwählen, die sowohl authentisch als auch gaumenfreundlich sind.

Die Übersetzungen und die historischen Studien sind Andrew Dalbys Werk. Er hat die Quellen nicht Wort für Wort übertragen, sondern manchmal zum besseren Verständnis ein Wort oder eine Wendung hinzugefügt, manchmal auch gekürzt.

Professor Dr. Heinrich Pleticha und Dr. Otto Schönberger haben die kulturgeschichtliche und sachliche Richtigkeit des Textes geprüft.

Antiker Lebensart auf der Spur

Wenn Frohsinn herrscht im ganzen Volk; wenn die Schmausenden im Haus in Reihen sitzen und einem Sänger lauschen können, die Tische neben ihnen reich gedeckt mit Brot und Fleisch, während der Mundschenk Wein aus vollen Krügen bringt und ihre Becher füllt: Das scheint mir persönlich das Allerschönste zu sein.
So spricht Odysseus zu seinem Gastgeber Alkinoos in HOMER, *Odyssee 9, 5ff.*

Enten, Gänse und Wachteln waren den Bauern im alten Griechenland wohlvertrautes Geflügel.

Das Alltagsleben der klassichen Griechen und Römer kann durchaus getreulich sichtbar gemacht werden, obwohl zweitausend Jahre Geschichte uns von ihnen trennen. Auf bemalten Trinkgefäßen und Weinmischkrügen aus dem alten Athen finden wir zwischen Szenen aus Götter- und Heldensagen, Darstellungen von gewaltigen Trinkgelagen und alltäglicher Hausarbeit. Die Wandgemälde und selbst die Graffiti in Pompeji zeigen uns Bürger und Sklaven des römischen Reichs wie sie selbst sich sahen. Privatbriefe unbekannter Griechen und Römer, gefunden zwischen den Garnisonorten im nördlichen Britannien und im fruchtbaren Tal des Nil, vermitteln noch heute eine lebendige Vorstellung. Und nicht wenige der großen schriftstellerischen Werke der klassischen Zeit wurden, durch das Werk mittelalterlicher Kopisten der Vergessenheit entrissen, zu Vorbildern klarer Gedankenführung und lebendiger Erzählkunst auch für moderne Autoren.

Diese Überreste der Welt der klassischen Antike sind nicht so leicht zu interpretieren wie es zunächst scheinen mag. Es gab gewaltige Gegensätze zwischen reich und arm, zwischen Freien und Sklaven. Die Quellen machen ihre Stimmen hörbar, aber es ist nicht einfach, sich in ihre Lage zu versetzen. Eine Möglichkeit besteht darin, sich mit den Gegebenheiten des Alltagslebens wie Essen und Trinken zu beschäftigen; in jeder Gesellschaft nehmen sie eine zentrale Stellung ein. Wir verfügen über eine Fülle von Informationen zu griechischen und römischen Ernährungsgewohnheiten der Antike – aus Bildern, Texten und archäologischen Funden. Es stehen daher in diesem Buch neben authentischen Rezepten Beschreibungen des alltäglichen Lebens und festlicher Ereignisse aus unterschiedlichen Zeiten und an verschiedenen Orten rings um das Mittelmeer von damals.

Unsere erzählenden Texte beginnen um 700 v.Chr. mit der *Odyssee*, dem

Epos von den Fahrten des Odysseus. Die letzte umfangreichere Quelle ist ein Gesprächs-Handbuch für Römer, die Griechisch studierten, aus der Zeit um 200 n.Chr.: Ein Glücksfall, denn dieses wenig bekannte Büchlein – versehen mit Hinweisen für Koch und Diener – gibt ein Gespräch wieder, das man beim zwanglosen Besuch der Bäder führen mochte, der oft mit einem warmen Abendessen endete. So gehen die Kapitel jeweils auf unterschiedliche gesellschaftliche Gruppierungen und Gelegenheiten ein, um die Vielfalt griechischen und römischen Lebens und Genießens zu vermitteln.

Am Ende des Buches finden sich Hinweise auf weitere Lektüre und – soweit es welche gibt – auf Übersetzungen der antiken Texte, denen unsere Rezepte entstammen.

Als die *Odyssee*, eines der beiden Meisterwerke griechischer Erzählkunst, entstand, war Griechenland ein Land der vereinzelten Bauerngehöfte und kleinen Städte, stets bedroht von Kriegen und Überfällen durch Piraten. Es gab keine großen Staaten: Jede Stadt hatte ihre schützende Mauer, und jeder Bauernhof seine Dornenhecke. Der Held der *Odyssee* sieht diese Welt als ein Außenseiter, denn Odysseus wird als Schiffbrüchiger, als Bettler, umhergetrieben. Wenn wir uns der Welt der alten Griechen überhaupt zu nähern vermögen, warum nicht mit seinen Augen?

Griechenland brachte Gerste für Brot, Oliven für das unersetzliche Olivenöl und Trauben für eine Fülle an Weinen hervor. Aber angesichts der steinigen Böden waren viele Griechen zu ihrer Ernährung auch auf das Meer angewiesen. So wurden sie wohl oder übel Fischer und Seefahrer und begannen, das „dunkel weinfarbene Meer“ vor ihrer Küste zu erkunden. In den folgenden Jahrhunderten, breiteten sie sich aus und bauten rings ums Mittelmeer neue Städte an hunderten von Plätzen, die einen natürlichen Hafen, einen Streifen Ackerland und einen Weg für den Handel mit dem Binnenland boten.

Die griechischen Ansiedlungen wuchsen zu bedeutenden Städten heran mit prachtvollen Tempeln, Theatern und Denkmälern, die man noch heute sehen kann. Sie wurden die Geburtsstätten der Demokratie und übernahmen für eine gewisse Zeit die Führung der Menschheit in Fragen der Wissenschaft und der Philosophie wie auch in den Künsten der Seefahrt und des Krieges. Der Seehandel brachte den Luxus, den die Griechen bei ihren Gastmählern, den Symposien (Kapitel 2), genossen, wo ernste Unterhaltung mit Musik, Spielen und akrobatischen Darbietungen wechselte. Speisen und Weine, die Völlerei der Mitbürger und die Wichtigtuerei der Köche waren Dauerthemen der Komödie bei den jährlichen Theaterfestspielen.

Um 350 v.Chr., als der Gourmet Archestratos (Kapitel 3) die Märkte des Mittelmeers erkundete, war die Küste von Spanien und Frankreich bis in den nahen Osten von griechischen Städten gesäumt. Die Griechen von Marseille schätzten die Weine des Rhonetals, die Griechen in Libyen exportierten kostbares Harz für die Küchen des Mutterlands, und die Griechen am Schwarzen

Meer legten Thunfisch ein. Sie verloren jedoch nach und nach ihre Unabhängigkeit an neue mächtige Königreiche. Archestratos selbst, ein Grieche aus Sizilien, wurde Untertan des tyrannischen Königs von Syrakus.

Das kleine Makedonien nahm bald eine Vormachtstellung ein. Von hier aus unternahm Alexander der Große (356-323 v.Chr.) seinen staunenswerten Eroberungszug. Er brachte griechische Siedler und griechische Lebensart in den mittleren Osten. Ferner machte er sich den sagenhaften Reichtum des Ostens dienstbar. Neue Genüsse gelangten nach Griechenland: Zitrusfrüchte, Pfirsiche, Pistazien – und sogar Pfauen. Die Schätze, die bei verschwenderischen Festen, etwa bei der Hochzeit des Karanos (Kapitel 4), vergeudet wurden, verursachten nach 300 v.Chr. eine verheerende Inflation und soziale Unruhe in Griechenland. Gleichzeitig wuchs die Machtstellung Roms heran. Zwischen etwa 400 und 50 v.Chr. wurde diese ländliche Stadt in Mittelitalien – anfänglich aus heimischen Quellen schöpfend wie man an Catos Bauernhof (Kapitel 5) sehen kann – Herrscherin von ganz Italien. Dann eroberte Rom nach und nach Spanien, Makedonien und Griechenland, Nordafrika, Gallien (Frankreich) und die ganze östliche Mittelmeerwelt. Nun strömte der Reichtum des Ostens westwärts, und mit dem Reichtum kam der Wunsch nach neuem Luxus. Erfinderische griechische Köche und ungeahnte fremde Delikatessen gelangten nach Rom. Das übermütige *Satyricon* des Petronius und andere schriftliche Quellen des ersten Jahrhunderts n.Chr. skizzieren die höchste Blüte der Macht und des üppigen Lebens im römischen Reich (Kapitel 6).

Der Text der Geburstagseinladung einer Dame, erhalten in den abgelegten Dokumenten der Kommandantur einer römischen Garnison in nördlichen Britannien, zeichnet zusammen mit weiteren Texten ein Bild vom täglichen Leben der Soldaten und der Zivilbevölkerung in den fernen Provinzen des großen Reiches (Kapitel 7). Viele Kräuter, Gemüse und Früchte, die die Römer nach Britannien brachten, gelten heute als einheimisch.

In der Hauptstadt, der heißen, stickigen Metropole Rom, waren die Bäder die beliebtesten Stätten der Entspannung (Kapitel 8). In diesen luxuriösen Einrichtungen konnte man schwimmen, trainieren und Dampfbäder und Massagen genießen. Zum krönenden Abschluß speiste man. Auch auf diese Bühne der Tafelfreuden des späteren Kaiserreichs werfen wir einen Blick.

Das Leben der armen Leute verlief dagegen sehr einförmig. Brot war das Hauptnahrungsmittel – Gerstenbrot für viele Griechen, Weizenbrot für die Römer; manche Städte, darunter Rom selbst, verteilten kostenlos Brot. Wer nicht backen konnte, bereitete aus seinem Getreide einen einfachen Brei. Manche hatten kaum mehr als Brot zu essen, dazu allenfalls Früchte oder Grünzeug, das irgendwo wild wuchs. Schalentiere und Schnecken waren etwas Besonderes. Doch selbst bei den verschwenderischen Festessen der Reichen bildete Brot den Auftakt.

Die vermögenden Griechen der Zeit um 400 v.Chr. begannen ihre tägliche

Zu den Speisen auf dem Tisch verlangt der Genießer noch Wein. „Kopenhagen-Maler" um 480 v.Chr.

Hauptmahlzeit am frühen Abend; die Zecherei und die Gespräche mochten freilich die ganze Nacht andauern. Wenn Männer zum Essen geladen waren, trat die Frau des Gastgebers nicht in Erscheinung. Die Ehefrauen der Gäste erwartete man erst gar nicht; doch brachte wohl hin und wieder einer sein Mädchen mit. Die Männer lagerten sich auf Ruhebetten, jeder seinen kleinen Tisch neben sich. Wenn die älteren Söhne das Glück hatten, dabei sein zu dürfen, so saßen sie wohl meist auf der Liege des Vaters oder eines seiner Freunde. Einen Koch und Mundschenken pflegte der Gastgeber anzumieten.

Den Speiseraum erhellten von der Decke hängende Lampen. Köstliche Düfte von Ölen und zarten Pflanzengewinden erfüllten die Luft. Weizen- und Gerstenbrote wurden in Körben aufgetragen und die verschiedenen Platten des Hauptgangs jedem Gast von einem Diener in genauer Reihenfolge vorgelegt, damit er sich ein Stückchen nehme: Zunächst appetitanregende Vorspeisen, darunter frisches Obst, Meeresfrüchte, gebratene Vögel, gesalzener Stör, Thunfisch und Fleischdelikatessen in stark gewürzten Soßen. Dann feine frische Fischgerichte, und der Höhepunkt war vielleicht geschmortes oder am Spieß gebratenes Lamm oder Zicklein. Nach dem Hauptgang wurden die Tische mit

Tanz und Musik mit Doppelpfeife und Kastagnetten. Malerei des Malers Epiktetos in einem Trinkgefäß, um 500 v.Chr.

den Speiseresten und Knochen beiseitegeräumt und saubere aufgestellt, für die Nachspeisen: Kuchen, Zuckerwerk, Käse, getrocknete Früchte und Nüsse. Dazu gab es Wein, den ein griechischer Gastgeber stets mit Wasser mischte – es war seine Pflicht, dafür zu sorgen, daß die Gäste nicht zu bald zu sehr betrunken waren. Ein wohlhabender Gastgeber demonstrierte seine Großzügigkeit, indem er eine reiche Auswahl an süßen Speisen und guten Weinen bot.

Wenn nun der Wein immer stärker in den Mittelpunkt rückte, wurde aus dem festlichen Mahl ein *symposion*, ein Trinkgelage. Bisweilen gestalteten Gastgeber und Gäste ihr Unterhaltungsprogramm selbst, das von philosophischen und literarischen Gesprächen bis zu Gesang und Instrumentalmusik reichen konnte. Oder man mietete sich Sklaven zur Unterhaltung, Musiker, Tänzerinnen und Artistinnen.

Ein solches festliches Mahl ist die Urform des griechischen Festessens in Geschichte und Literatur. Es ist nicht für alle Städte oder für alle Zeiten typisch. Griechenland und Rom, zwei Kulturen voller Gegensätze, haben dieses Thema immer wieder variiert und sie waren keineswegs die ersten Hochkulturen, in denen man den Zutaten und besonderen Geschmacksrichtungen von Speisen und Weinen große Aufmerksamkeit schenkte. Auf Keilschrifttäfelchen aus Mesopotamien finden sich Kochrezepte aus dem dritten Jahrtausend v.Chr. Gewürze,

Kräuter und edle Weine lagerten in der Grabkammer des ägyptischen Königs Tutenchamun (etwa 1346-1327 v.Chr.). Soweit wir wissen, waren die Griechen aber die ersten, die ernsthaft über die Bedeutung der Kochkunst als eine echte Bereicherung des menschlichen Lebens nachdachten. Berufsköche haben nie daran gezweifelt, doch selbst Platon (427-348 v.Chr.) macht in seinem philosophischen Dialog *Gorgias* ein paar Bemerkungen, die der Kochkunst ihren Platz zuweisen. Um dieselbe Zeit vergleicht ein medizinischer Autor in einem Stück wenig bekannter dichterischer Prosa das Werk eines Kochs mit dem eines Musikers:

Von den gleichen Noten stammen unterschiedliche Weisen, von den höheren, von den tieferen, alles Noten, doch jede hat einen anderen Klang. Die sich am wenigsten gleichen, verbinden sich am besten; die sich am wenigsten unterscheiden, klingen am übelsten; und wenn einer alles auf dieselbe Note hin komponiert, erregt er am wenigsten Freude. Die kühnsten, die variantenreichsten Tonfolgen erwecken die größte Begeisterung.So ist es, wenn Köche Speisen und Getränke für uns bereiten, indem sie Gerichte aus unterschiedlichen und ähnlichen Ingredienzen erschaffen. Einmal variieren sie die Zutaten, dann bedienen sie sich derselben, aber mit neuer Wirkung. Wenn einer alles gleich macht, entsteht kein Eßvergnügen, und wenn einer alle Ingredienzen demselben Gericht hinzufügt, ist es auch nicht recht.Die Noten in der Musik tönen manchmal hoch, manchmal tief. Die Zunge kostet die Speise, als wäre sie Musik; sie unterscheidet Mißklang und Einklang in allem, womit sie in Berührung kommt. Wenn die Zunge den Einklang empfindet, dann macht diese Musik Freude, und wenn es daran fehlt, so bereitet es Pein.

Im sagenhaften Garten der Hesperiden pflückt sie Äpfel der Unsterblichkeit. Kleines Ölgefäß aus Athen, spätes 5. Jahrhundert v.Chr.

Kochen wie die alten Griechen und Römer

Die meisten antiken Rezepte bieten eine Liste von Zutaten ohne jegliche Mengenangaben. Die Zubereitung wird oft nur in einem kurzen Satz angegeben oder ganz der eigenen Entscheidung überlassen. Und was noch wichtiger ist: Es gibt keinen Hinweis darauf, welche Geschmacksrichtung vorherrschen soll. Glücklicherweise geben griechische und lateinische Dichter und die Verfasser landwirtschaftlicher Werke gelegentlich Hinweise darauf, wie ein Gericht aussah oder schmeckte oder darauf, wie die Zutaten vorbereitet und aufbewahrt wurden. Das sind unschätzbare Hilfen.

Kochen ist eine gefühlsmäßige Kunst. Sie sollte nie so wissenschaftlich betrieben werden, daß sie an bestimmte Mengen, Zeiten und Temperaturen gebunden ist. Die folgenden Rezepte sind nie der einzig mögliche Weg, die Gerichte zuzubereiten – nicht zuletzt deshalb, weil die besten Köche der Antike ebenso gefühlsmäßig vorgingen. Es ist kein Zufall, daß der bedeutendste kulinarische Text aus Rom, eine Sammlung von Rezepten mit dem Titel *Apicius über die Kochkunst* kaum je mitteilt, wieviel von einer Zutat zu verwenden sei. Das Buch wurde offensichtlich für Berufsköche zusammengestellt und war ih-

Opferzeremonie für einen griechischen Gott.

nen als Gedächtnisstütze zugedacht. Sie brauchten keine genauen Angaben von Mengen, die ergaben sich aus dem eigenen Geschmack und dem der Herren, für die sie arbeiteten.

Die Hauptgewürze der griechischen und römischen Küche sind Honig, Essig, eine fermentierte Fischsoße (davon später mehr) und eine Menge frischer und getrockneter Kräuter und Gewürze. Das Geheimnis besteht darin, ein ausgeglichenes Verhältnis zwischen den süßen und den bitteren, den säuerlichen und vollkommen unbekannten Geschmacksrichtungen zu finden, die in den Kochrezepten vorkommen. Vor allem die Römer schätzten offenbar den süßen Geschmack von Soßen außerordentlich. Honig und Traubensirup finden sich praktisch in jeder Soße. Man mischte auch Wein und Honig zu einem süßen Aperitif, *mulsum* genannt. Moderne Nachschöpfungen der Soßen müssen deshalb nicht widerlich süß sein.

Wenn man einmal ein Gefühl für die Küche der Antike entwickelt hat, mag man sich wie ein Küchensklave fühlen, der eine Gruppe nordischer Barbaren oder Provinzler in die Freuden dieser neuen, ungewöhnlichen Kulinaria einführt.

Griechische und römische Kochkünste unterscheiden sich hauptsächlich in der Menge der verwendeten Gewürze. Die Hauptgeschmacksrichtungen waren beiden gemeinsam. Bevor sie gegen Ende des dritten vorchristlichen Jahrhunderts die griechische Speisekarte entdeckten, galten die Römer als Ha-

Die Zecher sorgen selbst für ihre Unterhaltung. Unterhalb der Hauptszene: Trinkgefäße, ein Weinkrug und Stiefel, die die Gäste auszogen, ehe sie sich niederließen. „Ashby-Maler" um 480 v.Chr.

ferbrei essende Barbaren. Köche aus dem Osten, manche von ihnen Kriegsgefangene, führten die römische Oberschicht zu den Tafelgenüssen des östlichen Mittelmeerraums. In dieser „nouvelle cuisine" des zweiten Jahrhunderts vor Christus wurden Honig, Essig und Fischsoße, trockener und lieblicher Wein, Kreuzkümmel, Koriander, Oregano und viele andere Kräuter aufs raffinierteste kombiniert und ein kulinarischer Stil entwickelt, der den zarten natürlichen Geschmack von Fischen oder Fleischspeisen hervorhob. Sehr bald übernahmen die Römer die neue Küchenkultur und entwickelten eigene Ideen. Vielfach vergaßen sie den Grundsatz „weniger ist mehr" und begannen, schwergewürzte Speisen zu bevorzugen. Neureich, wie sie waren, stellten sie ihren Reichtum auch im Essen zur Schau: Gewürze waren teuer.

So gaben sie sich auch Spott und Parodie preis.In einer Komödie von Plautus (etwa 250-184 v.Chr.) macht sich ein Koch über den neuen Trend lustig:

Ich würze ein Essen nicht so wie die anderen Köche. Sie servieren in ihren Gerichten ganze Wiesen – sie füttern die Gäste wie grasendes Vieh, indem sie ihnen Grünzeug aufdrängen, das sie mit noch mehr Grünzeug würzen. Hinein kommen frischer Koriander, Fenchel, Knoblauch und Pastinaken; nebendran liegen Sauerampfer, Kohl und Mangold; sie geben ein Pfund Silphium dazu und hauen obendrauf eine Ladung Senfkörner. Das Zeug ist dann so scharf, daß ihnen selbst die Augen tropfen, noch ehe sie's kleingehackt

Fischplatte aus dem griechischen Siedlungsgebiet in Süditalien. Diese zeigt (nicht maßstabsgetreu!) Seebarbe, Seebarsch, Brasse und Tintenfisch.

haben. Wenn sie ein Essen zubereiten, schmecken sie es nicht mit Gewürzen ab, sondern mit Nachteulen, die einem die Eingeweide bei lebendigem Leib zerfressen! Kein Wunder, daß die Leute hier ringsum in jungen Jahren sterben...

Die klassisch griechische Küche tat drei bis vier Gewürze oder Kräuter an ein Gericht. In einem typischen Rezept aus dem *Apicius* finden sich dagegen zehn starke Geschmacksstoffe. Wie bei raffinierten orientalischen Gerichten sollte das Ergebnis in hohem Maße appetitanregend sein. Doch kann man römische Speisen auch gegen den Vorwurf übermäßigen Würzens in Schutz nehmen. Der einfache, unprätentiöse griechische Stil hat seine Vorzüge, kein Zweifel. Aber die römischen Speisen haben etwas Einzigartiges an sich: Eine Geschmacksexplosion, die an beste indische Küche erinnert, das ist das Neue, das Exotische, das Erregende. Oft wird behauptet, das römische Kaiserreich sei dekadent und extravagant gewesen, und das Kochbuch des Apicius scheint dies zu bestätigen. Dennoch spiegelt es zugleich eine höchst verfeinerte, geschmackvolle Küche, eine Kochkunst für den intellektuellen, kultivierten Römer, der die nur modebewußten Leckermäuler nicht weniger verachtete als irgendein satirischer Dichter.

Der *Apicius* enthält so zweifelhafte Delikatessen wie Lerchenzungen, die Gebärmütter sterilisierter Schweine und Haselmäuse; eine Überfülle an Vögeln, wie Grasmücken, Papageien, Turteltauben, Pfauen und Flamingos; Meeresfrüchte, wie Seeigel, Tümmler und Quallen. Andere Quellen nennen Kamelfüße und Hahnenkämme. Das alles klingt herrlich exotisch und paßt zu der stereotypen Vorstellung vom dekadenten römischen Feinschmecker, der die exzentrischsten Speisen wählte, nur weil sie selten, teuer und modisch waren. Wir haben uns in diesem Buch auf Speisen konzentriert, deren Zutaten im nördlichen Europa zur Verfügung stehen, nicht zu teuer sind und die die interessierte Aufmerksamkeit eines Kochbegeisterten noch heute verdienen.

Unsere Rezepte sind eine Auswahl der besten, die griechische und römische Köche uns vermacht haben.

Von Küchen, Köchen und Gerät

Es ist schwierig, antike Küchenräume darzustellen. Doch archäologische Funde und frühe literarische Zeugnisse helfen unserer Vorstellungskraft. Das beste Anschauungsmaterial liefert Pompeji, wo noch heute zahlreiche römische Küchenanlagen zu besichtigen sind, wie sie in den Städten gebräuchlich waren. Im Zentrum der Kücheneinrichtung stand der Herd, aus Backsteinen und Ziegeln errichtet und etwa hüfthoch. In der Mitte hatte er eine Grube für ein Holzkohlenfeuer und einen hochgezogenen Rand aus Ziegelstein. Eine Bogenöffnung darunter diente zur Aufbewahrung der Kohle. Über dem Feuer lag ein Rost, auf dem in Tontöpfen und metallenen Pfannen die Speisen zubereitet wurden. Der Backofen stand für sich, meist eine niedrige Kuppel, gefüllt mit heißen Kohlen, die man erst herauskratzte, bevor das Gericht hineingeschoben wurde. Auch tragbare Backöfchen aus Ton oder Metall wie auch die Reste von Backziegeln (*testa*) sind erhalten. Sie konnten oben auf dem höheren Herd stehen oder auch einfach auf dem Boden. Das Brot oder den Kuchen setzte man auf einen flachen Ziegel, über den man einen Tondeckel legte; ringsherum- und darübergehäufte heiße Kohlen backten darunter den Teig. Auch Einrichtungen für Bratspieße und die Ketten, an denen die Kessel über dem Feuer hingen, haben Archäologen entdeckt. An den Pfeilern in der Mitte des Küchenraums standen hölzerne oder steinerne Tische zur Vorbereitung der Speisen, daneben Dreifüße für große Mischgefäße und Mörser.

Reichhaltiger war die Küchenausstattung in wohlhabenden Haushalten. Erhalten sind tragbare Kupferpfannen, die Heißwasserbehälter trugen, ganz wie unsere Bain-marie. Sie konnten Speisen warm halten oder gar am Tisch erst zum Kochen bringen. Tönerne Kochgefäße waren zwar billiger, aber nicht sehr

Klassisches griechisches Silbersieb, von einem römischen Sammler als Antiquität später hochgeschätzt.

beständig und, wenn unglasiert, nur schwer sauber zu halten. Aber auch die teureren Metallpfannen aus Kupfer oder aus Blei hatten Nachteile. Most in der Blei-Kasserolle zu reduzieren, hat sicherlich die Gefahr einer Vergiftung unter den reichen Leuten erhöht. Eine Metallpfanne von moderner Form fand sich im römischen Britannien. Ihr Boden hat vertiefte konzentrische Kreise, die eine gleichmäßige Verteilung der Hitze ermöglichten. Fein geformte Metallsiebe mit gestanzten Löchern in raffinierten Mustern, Bratpfannen mit einem Ausguß für Soßen und ausklappbaren Henkeln, Fischkessel, Backbleche und Formen in der Gestalt von Ferkeln oder Hasen – das waren gängige Geräte, wo einst die Römer waren.

Modern oder nicht, gut ausgestattet oder nicht, eine Küche, in der sich etwas rührt, kann nicht frei sein von Dampf und Rauch. Und damals war die Belüftung nicht mehr als ein Loch im Dach über dem Herd. Die Hitze muß zeitweise unerträglich gewesen sein. Lebensmittel lagen in offenen Regalen, Kräuter und geräuchertes Fleisch hingen von den Deckenbalken herab, und Tongefäße mit Fischsoße und Wein standen in der Küche herum.

In wohlhabenden Häusern war der Küchenchef ein Sklave. Er konnte über viele Helfer verfügen und genoß sogar einen gewissen Respekt von seinem Herrn. Ein Römer, der etwas auf sich hielt, wollte ein Gastgeber nach der neusten Mode sein: Sein Koch mußte die Gerichte zubereiten, die „man" eben gerade schätzte, egal wie exotisch sie waren. Ein Gedicht von Martial (etwa 40-104 n.Chr.) stellt uns einen Koch vor, der mit seinem Verlangen nach einem besonders teuren Pfeffer seinen Herrn in den Bankrott zu treiben droht und dessen neuer Backofen sich als zu klein erweist für den frischgekauften Braten. In einem anderen Gedicht zeigt Martial, worauf es ankam: „Kochkunst allein ist nicht genug für einen Koch. Sein Gaumen darf nicht der eines Sklaven sein: Ein Koch sollte den Geschmack seines Herren teilen."

Auf einem Bauernhof wie dem des Cato (Kapitel 5), herrschte in der Küche wohl oft eine Sklavin, die vielleicht auch ohne förmliche Eheschließung, die

Römischer Kochtopf mit höchst praktischer Formgebung: Die Ringe auf der Unterseite (rechts) *sorgten für eine gleichmäßigere Verteilung der Hitze.*

ihr nicht erlaubt war, als Frau des Gutsverwalters anerkannt wurde. Auf größeren Gütern mag wohl ein Sklave als Vollzeit-Koch gelebt haben, oder er begleitete seinen Herrn über Land. Bei den einfachen Bauern war das Kochen in alter Zeit sicher eine gemeinschaftliche Aufgabe, doch vor allem die der Frauen. Die Städter im kaiserlichen Rom, von denen viele in *insulae* (Mietskasernen) wohnten, konnten höchstens einfachste Speisen zubereiten, wenn sie nicht riskieren wollten, das ganze Haus in Brand zu stecken; tatsächlich brannten die *insulae* manchmal nieder, weil ein Bewohner versucht hatte, ohne Sicherheitsvorkehrungen zu kochen. Speisen von der Straße standen den Stadtbewohnern jedoch jederzeit zu Gebote. Kuchen und Süßigkeiten, Glühwein, heiße Würste und Haferbrei, Kebabs und alle möglichen Arten von Fleischgerichten wurden in Buden und offenen Läden zum Kauf angeboten.

Die Ausstattung einer Küche der Antike und die Zubereitung dort hat den Speisen zweifellos eine Würze verliehen, die wir nicht getreulich nachahmen können. Der Rauch vom offenen Herd steuerte einen Grillgeschmack bei. Käse, Kräuter und Gewürze wandelten sich und reiften im Lauf der Vorbereitungen, der Lagerung und des Transports. Doch manche alten Methoden haben moderne Entsprechungen. Der Bratrost über der Holzkohle unterscheidet sich nicht sehr vom modernen Gasherd. Mörser und Stößel, wichtig für viele Rezepte, sind jederzeit in Geschäften für Küchengeräte zu erwerben. Einen Stein zum Backen, die ideale Hilfe bei der Nachahmung antiker Kuchen, findet man dort ebenfalls.

Manche Rezepte erfordern das Pürieren. Stampfen und Pürieren waren die Arbeiten eines Haushaltssklaven in den Küchen der Antike und hat Stunden gedauert. Wenn Sie keinen Sklaven zur Hand haben, ist eine Küchenmaschine oder ein Pürierstab der ideale Ersatz.

Spezielle Soßen und Gewürze

FISCHSOSSE „Hier ist das edle *garum*, eine kostbare Gabe, bereitet aus dem ersten Blut einer noch nach Luft schnappenden Makrele" – dieser Vers Martials, niedergeschrieben als Geschenkanhänger an einem Töpfchen mit *garum* oder *liquamen*, wie es auch genannt wurde, kann nicht darüber hinwegtäuschen, daß griechische und römische Fischsoße einen wenig attraktiven Beiklang hat. Ganze Fische wurden mit Salz gemischt; dann ließ man sie bis zu drei Monate fermentieren. Die entstehende Flüssigkeit wurde gefiltert in Flaschen gefüllt und dann in erstaunlich großen Mengen für viele römische und griechische Gerichte verwendet. Der Gestank, der bei der Herstellung von *garum* entstand, war so übel, daß sie in städtischen Gebieten manchmal verboten wurde. Andererseits war die Produktion von Fischsoße tatsächlich die einzige Industrie größeren Zuschnitts in der Antike. Archäologische Funde in Südspanien und am Schwarzen Meer bestätigen ihre Existenz bereits im achten und siebten vorchristlichen Jahrhundert.

Bezeichnenderweise lagen diese Produktionsstätten am Strand oder in der Nähe des Hafens. Der Fisch war erst wenige Stunden aus dem Netz, wenn seine Verarbeitung begann. Die Vorstellung, *garum* sei eine faulende Substanz, ist daher durchaus irreführend. Hier waren nicht Bakterien am Werk, was bei dem hohen Salzanteil ohnehin unmöglich gewesen wäre. Es handelte sich vielmehr um enzymische Proteolyse, ein Prozeß, bei dem die Enzyme in den Fischen mit dem Salz eine beißende Lake produzieren. Dafür nahm man ganze Fische. Wenn man dagegen die Fische vor dem Einsalzen reinigte, wurden die aktiveren Enzyme beseitigt und die Lake klarer: Sie hieß dann *muria*. Die feste Masse, die nach dem Abseihen des *garum* übrig blieb, nannte man *alec* und war vielleicht dem *blachan* oder *trasi* im Südostasien von heute nicht unähnlich. Man schätzte es wegen seiner Eigenschaften als Würze und als Medizin. Wenn wir einem antiken Nachschlagewerk glauben wollen, so tat man *alec* auf Brandwunden; aber es wirkte angeblich nur dann, wenn die Patienten nicht wußten, was da zur Anwendung kam. Doch wie sollten sie in Anbetracht des starken Geruchs, der von dieser Substanz ausging, nicht darauf kommen?

Garum und *liquamen* waren stark duftend und dünnflüssig. Amphoren mit der Aufschrift „bestgesiebtes *liquamen*" sind erhalten. Begeisterte Freunde römischer Speisen, haben versucht, *garum* auch heute herzustellen. Solche Experimente sind sinnlos und vielleicht nicht einmal ungefährlich, wenn man sie nicht unter einer heißen Sonne und in geziemendem Abstand zu jeglichen Nachbarn unternimmt. Glücklicherweise besteht auch gar kein Bedarf. Fischsoße, in der Kochkunst der Antike absolut unentbehrlich, ist bis heute auch für die Küche Südostasiens von Bedeutung. Dort ist die Herstellung von Fischsoße durch einen monatelangen Fermentierungsprozeß nahezu identisch mit der, die die antiken Quellen beschreiben. Es handelt sich weitgehend um Heimarbeit.

Wenn man sich in den Kopf setzt, nach antiker Manier zu würzen, muß man mit einer Flasche Fischsoße beginnen: *Nuoc mam* der Vietnamesen und *nam pla* der Thais, die pasteurisiert exportiert werden, was ihre Wirkung nicht beeinträchtigt. *Nuoc mam* ist in jedem chinesischen Supermarkt zu haben. Wenn sich am Ort selbst keine Bezugsquelle auftun läßt, kann man sich sicher im nächsten Thai- oder Vietnam-Restaurant beraten lassen.

Von Zeit zu Zeit geht das Gerücht, die Herstellung von *garum* habe hier oder dort in einem Dorf am Mittelmeer überlebt. Was Griechenland und Italien angeht, sind es wirklich nur Gerüchte. *Pissalà* und *Mélets* aus Südfrankreich (in einer Gegend, in der man einst *garum* herstellte) sind zweifellos Verwandte der flüssigen römischen Soße, aber es handelt sich um pürierte Ware, eher dem festeren *alec* verwandt.

SILPHIUM und ASA FOETIDA Silphium war ein höchst bemerkenswertes Gewürz, das Griechen und Römer sowohl seiner medizinischen Eigenschaften als auch seiner Verwendbarkeit in der Küche wegen kannten. Es wuchs nur in der Cyrenaika (im heutigen Libyen) und galt als so kostbar, daß es neben Gold und Silber im römischen Staatsschatz aufbewahrt wurde. Doch dann geschah ein Unglück für die Geschichte der Kochkunst. Der römische Enzyklopädist Plinius (24 bis 79 n.Chr.) meldet, daß es Silphium nicht mehr gebe:

Zwei Kentauren kosten jungen Wein. In riesigen, halb in die Erde eingegrabenen Tongefäßen (pithoi) *wurde er vergoren.*

> *Seit vielen Jahren findet man es in Libyen nicht mehr. Höhere Profite witternd, hatten die Vermittler, die Weideland verpachten, zugestimmt, daß die Standorte, wo Silphium gedieh, von Schafen abgeweidet würden. Der letzte Sproß, den man noch fand, wurde Kaiser Nero gesandt. Sollte je ein Tier auf einen Schößling stoßen und davon fressen, wird man es daran erkennen, daß ein Schaf sich rasch zum Schlafen niederlegt, während Ziegen ziemlich laut niesen. Doch das einzige Silphium, das man seit langem zu uns nach Rom gebracht hat, stammt aus dem Iran und aus Armenien, zwar reichlich, doch nicht im entferntesten so gut wie das aus der Cyrenaika.*

Die gelehrte Welt mochte nicht glauben, daß das libysche Silphium wirklich verschwunden sei, und manchmal liest man auch von seiner Wiederentdekkung. Aber die Ziegen niesen nicht mehr. Das wiederentdeckte Silphium hat nicht den Duft oder die Kraft seines sagenhaften Vorläufers. Nero hat wirklich das letzte verspeist.

Glücklicherweise ist der Ersatz, der seit den Zeiten des Plinius benutzt wurde, das Silphium Zentralasiens, auch heute noch ohne weiteres zu haben. Es handelt sich um Asa foetida, das Harz der Pflanze *Ferula asa foetida*, eine Verwandte des Fenchel. Wenn wir diese Würze verwenden, können wir sicher sein, genau das zu tun, was die Köche im römischen Reich auch taten, die sich als erste der Rezepte des *Apicius* bedienten. Man verwendet es weithin in Zentralasien zu medizinischen Zwecken und in Indien zum Kochen. Es geht das Gerücht, die Würze sei eines der Geheimnisse der Worcestersauce. Das reine Aroma und der Geruch von Asa foetida ähneln dem von Porree oder Knoblauch, aber am besten paßt eine der modernen Bezeichnungen: Stinkasant oder Teufelsdreck.

Asa foetida wird in Europa in zwei verschiedenen Formen angeboten, beide aus dem Harz, das man aus der Wurzel der Pflanze zapft. Wir ziehen die wunderbar pikante reine Tinktur vor. Asa foetida ist – wenn auch nicht ganz billig – heute noch in einer gut geführten Apotheke oder in Kräuterläden erhältlich. Fast ebenso kräftig ist die Asa foetida, die in Indien als *hing* angeboten wird. Dieses gelbe Pulver aus Asa foetida-Harz wird mit feinem oder grobem Mehl vermischt, um es etwas zu festigen, so wie man es mit dem alten Silphium tat. Um die Farbe zu erzielen, kann man auch Gelbwurz hinzutun.

In jedem Fall ist Asa foetida sparsam einzusetzen, es kann einem Gericht einen sehr unangenehmen Geschmack verleihen, wenn man zu viel davon nimmt. Ich selbst erfuhr das bei meinen ersten Kochversuchen. Zu einem römischen Gastmahl für 70 Personen machte ich ein Linsengericht, das ich un-

Der griechische König von Kyrene (im heutigen Libyen) überwacht den Export. Dieses Gefäß aus Sparta (6. Jahrhundert v. Chr.) stellt vermutlich den Handel mit der Würzpflanze Silphium dar, die nur in der Kyrenaika wuchs.

glücklicherweise mit zu viel Asa foetida würzte. Um das Gericht zu retten, tat ich Honig dazu. Das half, aber ich hätte zu viel davon gebraucht. Als letzte Rettung fügte ich noch Zucker hinzu. Der rettete zwar das Gericht und machte es zu einem Erfolg, aber Zucker war im alten Rom eine seltene Kostbarkeit – eine Arznei, kein Gewürz für Speisen – doch was hätte ich tun sollen!

LIEBSTÖCKEL *Levisticum officinale* ist das meistgebrauchte Würzkraut im *Apicius*. Es gibt dort mindestens 50 Rezepte, die mit den Worten „Pfeffer und Liebstöckel" beginnen. Die Römer verwendeten das Kraut mindestens ebenso selbstverständlich wie wir Petersilie. Es schmeckt sehr scharf, weshalb es wohl in den letzten Jahrhunderten seine einstige Beliebtheit verloren hat. Liebstöckel eignet sich aber für die Alltagsküche und schmeckt besonders gut zu Fisch und Hülsenfrüchten. Sein Geschmack ist eine der Grundlagen echt römischer Gerichte.

In einem gemäßigten Klima gedeiht Liebstöckel gut und wird am besten ganz frisch verwendet. Wer einen Garten hat, möge den Versuch unternehmen, es zu ziehen; wobei zu bedenken ist, daß das Kraut eine Höhe von drei Metern erreichen kann. Sollte der Vorrat zu Ende gehen, kann man als Ersatz die blaßgrünen Blätter des Sellerie verwenden. Der Geschmack ist ziemlich ähnlich. Einen größeren Vorrat an Liebstöckel kann man kleinschneiden und in Olivenöl aufbewahren.

Stilleben aus dem Haus der Julia Felix in Pompeji: Ein mit Quasten versehenes Tuch, ein Weingefäß aus Zinn, Drosseln, eine Schüssel mit Eiern, ein Weinkrug, ein bronzener Mörser und ein Vorlegelöffel lassen luxuriöse Speisen und Weine erahnen.

WEINRAUTE Ein Feinschmeckerkräutchen, das einst sehr beliebt war, ist *Ruta graveolens*. Daß es heutzutage kaum noch verwandt wird, ist schade. Sein ungewöhnlicher bitterer Geschmack wäre in der Küche immer noch sehr wertvoll und verleiht den Speisen nach alten Rezepten einen unverwechselbaren Geschmack.

Weinraute ist ein winterhartes, immergrünes Pflänzchen, das in jedem Boden gedeiht. Es wird zwar leicht trocken, aber es wächst problemlos nach, selbst auf der Fensterbank, so daß man nie vertrocknete Blätter nehmen muß. Stengel und Blätter der Weinraute können auf empfindlicher Haut eine allergische Reaktion hervorrufen, wenn man sie im hellen Sonnenlicht pflückt, Vorsicht! Doch als Speisezutat ist das Kraut gänzlich unbedenklich.

ANDERE KRÄUTER UND GEWÜRZE Die meisten Kräuter und Würzpflanzen, von denen in diesem Buch die Rede ist, sind beim Kräuterhändler, in Reformhäusern oder Supermärkten leicht erhältlich (Pinienkerne, Anis-, Fenchel- und Mohnsamen). Viele gedeihen auch in jedem Garten. Bergminze ist allerdings nicht so leicht zu finden. Lorbeeren kann man im ausgehenden Winter oder im Frühjahr pflücken, wenn man einen solchen Baum besitzt. Man bekommt sie aber auch beim Kauf frischer Lorbeerblätter. „Bittere Mandeln" aus chinesischen Supermärkten sind zwar anders als die antiken Bittermandeln, aber sie sind weniger gefährlich als unsere, denn die wirken ungeröstet giftig. Gemahlener Koriandersamen wird fast überall angeboten; frische Korianderblätter dagegen sind nicht weit verbreitet, aber zur richtigen Jahreszeit sind sie in vielen einschlägigen Geschäften bündelweise zu haben. Koriander gibt es auch in Öl, wie Liebstöckel.

PASSUM (ROSINENWEIN) „Eine Knossosrebe aus dem Minoischen Kreta schickt dir diesen Rosinenwein. Er ist das *mulsum* des kleinen Mannes", schrieb Martial. Die Römer benutzten viele verschiedene süßende Zutaten bei ihren Soßen. *Passum* war eine der feinsten und verleiht außerdem noch eine tiefdunkle Farbe. Rosinenwein wurde im Altertum und Mittelalter auf Kreta hergestellt, heute noch in Italien und Frankreich, wo er *Vin de paille* heißt. Er war sicher nie ein Arme-Leute-Getränk. Der oben zitierte Widmungsvers des Dichters Martial spiegelt falsche Bescheidenheit vor. Ein Rezept für Würzwein findet sich auf Seite 101.

Plinius der Ältere beschreibt, wie die Kreter ihren berühmten Rosinenwein herstellten:

Es gibt Leute, die passum aus jeder süßen, frühreifenden weißen Traube machen, indem sie die Bündel in der Sonne trocknen, bis sie nur noch knapp über die Hälfte wiegen. Dann pressen sie vorsichtig den Most heraus. Die gewissenhafteren Hersteller trocknen die Trauben auf dieselbe Weise, pflücken dann die einzelnen Beeren und tränken sie ohne Stiele in edlem Wein, bis sie aufgehen, und pressen sie erst dann aus. Dies gilt als besonders gut.

Verständlicherweise wird mancher zögern, den teuren *Passito* oder *Vin santo*, d.h. den modernen Rosinenwein in einem italienischen Lebensmittelladen zu kaufen, nur um sein Essen damit zu würzen. Zum Glück beschreibt der Schriftsteller Columella (um 60 n.Chr.), der sich mit Fragen der Landwirtschaft befaßte, detailliert, wie man *passum* herstellt. Danach gab es auch einen Rosinenwein auf Rotweinbasis. In bescheidenen Mengen kann man ihn auch in der modernen Küche herstellen. Man nehme ½l Rotwein und 100 g Rosinen und lasse sie sich zwei oder drei Tage lang mit dem Wein vollsaugen, bis sie gequollen und weich sind. Diese Mischung zerdrücken und durch ein feines Sieb streichen, so daß möglichst viel von dem Brei hindurchgepreßt wird. Das Ergebnis kann sofort verwendet werden.

DEFRUTUM UND ANDERE KONZENTRIERTE TRAUBENSÄFTE *Caroenum*, *defrutum* und *sapa* waren durch Kochen eingedickte Traubenmostarten. Wie *passum* wurden sie zum Süßen von Soßen verwendet. Die drei Bezeichnungen deuten auf verschiedene Konzentrationen hin. *Defrutum*, das man für manche Rezepte in diesem Buch benötigt, ist roter Traubensaft, um die Hälfte oder mehr reduziert. Man nehme einfach einen Liter roten Traubensaft, verkoche ihn, bis nur noch ein Drittel übrig ist und verwende ihn eßlöffelweise.

Bauer beim Ziegenmelken. Römisches Grabrelief.

DIE KÄSE DER ANTIKE UND UNSERE KÄSESORTEN Griechen und Römer kannten viele verschiedene Käsesorten, über deren Herstellung es aber kaum genauere Informationen gibt. Die meisten Speiserezepte verlangen einfach Ziegen- und Schafskäse, ohne etwas über deren Beschaffenheit zu verraten. Über das genauere Herstellungsverfahren erfahren wir nichts. Doch das ist für die Rezepte in diesem Buch überaus wichtig, besonders für die süßen Kuchen aus Catos Handbuch der Landwirtschaft (Kapitel 5). Hier ist unbedingt frischer Käse nötig, denn nur er ist noch nicht so salzig, daß er sich mit dem Honig nicht vertrüge.

Columella gibt wertvolle Hinweise auf die Zubereitung von Käse. Er rät, Lab „im Gewicht eines Silberdenars" (etwa 20 g) in 4 Liter Milch zu geben. Die Milch wird erwärmt und, wenn sie zu gerinnen beginnt, durch einen Weidenkorb gefiltert. Die Masse wird geformt und gepreßt. In diesem Zustand kann sie entweder mit Salz gehärtet oder einfach mit Lake getränkt werden.

Ich wollte einen milden Weichkäse für das Rezept einer Käse-Schichttorte (Seite 94) herstellen. Nach den Anweisungen Columellas suchte ich den Salzgehalt auf ein Minimum zu beschränken. Als Speisekäse schmeckte er ausgezeichnet, aber für die Torte taugte er gar nicht. Im Laufe meiner Kochexperimente habe ich es mit vielen verschiedenen käuflichen Käsesorten versucht. Ich empfehle Feta aus Schafs- oder Ziegenmilch, eine Sorte, deren Ursprung bis ins

Mittelalter zurückgeht; Chèvre, ein Ziegenkäse, auch Boucheron genannt, der in der traditionellen Blockform verkauft wird; Pecorino Romano, ein harter Schafskäse, dem Parmesan ganz ähnlich; Ricotta, traditionellerweise hergestellt aus der Molke, die vom Pecorino Romano übrigbleibt; und Pecorino Toscano, ein halbweicher, mildgesalzener Schafskäse. Letzterer kam dem am nächsten, den ich selbst nach Columellas Rezept hergestellt hatte.

HIRN UND BRIES Griechen und Römer verwendeten diese Innereien häufig für Füllungen und Würste. Sie kommen in den folgenden Rezepten vor, doch ist es eine Frage des persönlichen Geschmacks, ob man sie verwendet. Aus Furcht vor dem sogenannten Rinderwahnsinn schrecken viele vor dem Verzehr von Kalbshirn zurück. Schafshirn und Bries gelten als unbedenklich, aber sie sind wegen der weitverbreiteten Zurückhaltung selten geworden. Ein selbständiger Metzger kann sie vielleicht beschaffen. Bries ist etwas Köstliches, und es ist sehr schade, daß man es nicht mehr schätzt. Sehr zu empfehlen ist auch Schafshirn, das man in Rom für Füllungen gebrauchte. In zwei Rezepten, in denen es vorkommt, habe ich als Alternative gehacktes Lammfleisch vorgeschlagen.

Wie man Wein kredenzte in Athen. Der Wein ist bereits mit Wasser im Krug (krater) gemischt; *hineingetaucht die* oinochoe, *das Schöpfgefäß, mit dem Trinkgefäße* (skyphos *oder* kylix) *gefüllt werden, die der Knabe zur linken hält.*

I

Die Heimkehr des Odysseus

Die zehnjährige Belagerung Trojas, der Sieg mit Hilfe des hölzernen Pferdes, die vom Unglück begleitete Heimkehr der siegreichen griechischen Helden: Diese Geschichten waren jedem gebildeten Griechen vertraut. Sie wurden in der Ilias und in der Odyssee erzählt, zwei epischen Dichtungen, von dem blinden Sänger Homer verfaßt und vorgetragen, ehe die eigentliche Geschichtsschreibung begann. So wunderbar waren diese Geschichten, daß nichts ihrer Wirkung Abbruch tun konnte, nicht einmal die Tatsache, daß man sie auswendig lernen mußte.

Homer selbst verrät nicht, wann Troja gefallen war: Er sang von einem längst vergangenen heroischen Zeitalter. Jetzt, da Troja, Mykene und Pylos ausgegraben sind, wissen wir, daß die Belagerung – wenn sie überhaupt je stattgefunden hat wie sie die *Ilias* schildert – vor 1200 v.Chr. gewesen sein muß, also fünf Jahrhunderte oder mehr, ehe die Dichtungen entstanden.

In der *Ilias* und der *Odyssee* wird eine ganze Welt sichtbar, nicht die wirkliche Welt Mykenes mit ihren labyrinthischen Palästen und ihren Tontafeln; auch nicht ganz die griechische Welt von 700 v.Chr., in der Homer gelebt haben muß. Aber es ist eine Welt, die in allen Einzelheiten so überzeugt und allen, die die Epen lasen, so vertraut war, daß sie unbedingt dazu gehört, wenn

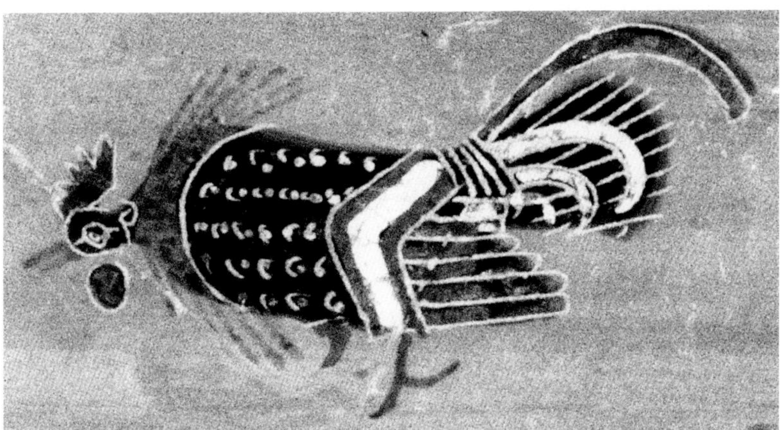

Dieser kampfbereite Hahn beweist die frühe häusliche Hühnerhaltung in Griechenland: Athenisches Trinkgefäß, etwa 450 v.Chr., wahrscheinlich vom „Tleson-Maler“.

man das Leben im alten Griechenland und Rom noch einmal vergegenwärtigen will.

Die *Ilias* erzählt von den Kämpfen der griechischen Helden vor den Mauern von Troja. Dort unternahmen sie Streifzüge oder gingen zur Jagd. Und zum gebratenen Fleisch tranken sie starken, süßen Rotwein. Den brachten Seeleute, die ihre Schiffe an Land zogen, einen Markt am Strand eröffneten und für ihr kostbares Getränk Sklaven und geraubtes Vieh eintauschten.

In der *Odyssee* hören wir von den zehnjährigen Irrfahrten des Odysseus und von seinen Abenteuern auf der Heimreise nach Ithaka. Vielleicht blieb er zu lange bei der schönen Nymphe Kalypso, bis der Götterbote Hermes kam, um ihr zu sagen, daß es an der Zeit sei, ihn ziehen zu lassen. Der Dichter zeigt uns Kalypso und Odysseus, wie sie gemeinsam zu Abend essen, bevor sie sich zum letztenmal auf das gemeinsame Lager betten: „Sie kamen zu der Höhle, die Göttin und der sterbliche Mann. Dort ließ er sich nieder auf dem Sitz, auf dem Hermes gesessen hatte; und das junge Weib legte ihm vor, damit er esse und trinke, was einem Sterblichen zukommt. Sie saß dem gottgleichen Odysseus gegenüber, und Mägde reichten ihr Nektar und Ambrosia."

Nach dem Schiffbruch vor Scheria, einer sagenhaften Insel, in der manche Korfu erkennen wollen, hatte Odysseus das Glück, daß man ihn im Palast des Alkinoos willkommen hieß. Er blieb vor dem Haus einen Augenblick stehen, um den Obstgarten des Königs zu bewundern: „Vom Hofe abgetrennt ist zu beiden Seiten des Tors ein großer Obstgarten, vier Morgen groß, mit einer Hecke darum. Dort breiten mächtige Bäume ihre Blätter aus, Birnen und Granatäpfel, Apfelbäume mit glänzenden Früchten, dazu süße Feigen und blattreiche Oliven. Sie tragen immer Früchte, im Sommer und im Winter, das ganze Jahr: Wenn der Westwind bläst, dann befruchtet er die einen und läßt die andern reifen, Birne auf Birne, Apfel auf Apfel, Traube auf Traube und Feige auf Feige."

Odysseus erwies sich als immun gegen Kirkes Zaubertrank. Seine Gefährten hatten weniger Glück, sie wurden in Schweine verwandelt. „Maler des Tagesanbruchs", um 500 v.Chr.

Essen und Trinken standen im Mittelpunkt homerischen Lebens. Was vom Mahle übrig blieb, wurde großzügig einem Fremden gegeben, ehe man nach seinem Namen fragte. Im Hause eines Königs waren verschwenderische Festessen an der Tagesordnung, auch wenn der König selbst gar nicht zu Hause war.

So war es auch, als Odysseus in seine Heimat auf Ithaka zurückkehrte. Verkleidet als armer Landstreicher mit einem ledernen Bettelsack, den er mit Resten von der Tafel zu füllen hoffte. Angezogen durch den Duft gebratenen Fleisches (Rind, Hammel und Schwein pflegte man über einem Feuer im Hof zu braten) stand Odysseus schließlich am Tor seiner eigenen raucherfüllten Halle und sah das Gelage jener Männer, die sich darum stritten, wer um die Hand der treuen Penelope anhalten dürfe.

Am Herd in der Mitte des homerischen Haushalts drängten sich Frauen, Kinder und Diener. Die Männer saßen auf Schemeln rings an den Wänden, jeder mit einem wohlgescheuerten Tisch vor sich. Die Tische mußten sauber sein, denn es gab keine Teller. Gebratene Fleischstücke wurden aufgetragen,

Jäger und Hunde haben den sagenumwobenen Kalydonischen Eber in die Enge getrieben. Trinkgefäß aus Athen, frühes 6. Jahrhundert v. Chr.

Berge von Brot in großen Körben herumgereicht, ein Mundschenk war stets zur Stelle. Ein Sänger trug Geschichten von Göttern und Helden vor – Geschichten wie die des Odysseus selbst vielleicht – und verdiente sich wohl als Lohn ein großzügig geschnittenes Stück Fleisch.

Das war die Szene, die der geheimnisvolle Bettler sah. Bald sollte er seine Verkleidung abwerfen, nach dem Bogen greifen, den nur er zu spannen wußte, und die jungen Männer niedermachen, die in sein Haus eingedrungen waren, sein Vieh verspeist und mit seinen Sklavinnen geschlafen hatten. Dann endlich konnte er wieder von seinem besten Wein aus dem dunklen Keller kosten, den seine treue alte Hausdienerin bis zur Rückkehr ihres Herrn weggeschlossen hatte.

Ilias und *Odyssee* enthalten keine Kochrezepte. Aber die Darstellung der Welt der Heroen war so klar und scharf, daß wir heraushören, was die Helden nach des Dichters Vorstellung aßen und tranken, nämlich einfaches, herzhaft gebratenes Fleisch. Die weiter unten angeführten Gerichte können sich in gewisser Weise auf die beiden Epen berufen. Homer wäre wahrscheinlich von unserer Auswahl an Gerichten überrascht gewesen, aber die meisten Zutaten oder Gewürze hätten ihn nicht verwundert. Wir können keine homerischen Süßigkeiten anbieten – außer den frischen Früchten aus dem Garten des Alkinoos, Früchte übrigens, in die in dem ganzen Epos vom Anfang bis zum Ende nie-

Die Herrin trinkt begierig; mißmutig folgt ihr das Sklavenmädchen mit dem Weinschlauch auf dem Kopf. Athenischer Becher (skyphos), *etwa 465 v.Chr.*

mand hineinbeißt. Stattdessen haben wir uns von Galens Beschreibung eines „Pfannkuchens" inspirieren lassen, einem Gericht, dessen Geschichte gewiß fast bis in die Zeit Homers zurückreicht.

Und nun zum Wein, der ein homerisches Festessen stets begleitete. Der Priester Maron, der an der Nordküste der griechischen Ägäis lebte, überreichte Odysseus auf dessen Reise ein ganz besonderes Geschenk. Maron „füllte für mich ungemischten süßen Wein in zwölf Amphoren ab, ein göttliches Getränk: Keiner seiner Sklaven oder Diener hatte davon etwas gewußt, nur er selbst und sein liebes Weib und ein Hausbesorger. Und wenn er sich den Becher füllte, um den honigsüßen roten Wein zu trinken, goß er ihn in zwanzig Maßeinheiten Wassers, und ein wunderbar süßer Duft stieg aus dem Mischkrug auf". So mancher leichtgläubige Römer nahm jedes Wort aus den Epen als Historie. Plinius schreibt: „Berühmt wurde, so erfahren wir von Homer, zuerst der maronische Wein von der thrakischen Ägäisküste..." Nach Homer sollte der Maroner mit zwanzig Teilen Wasser vermischt werden. In jenem Land behält die Traube ihre Kraft und beträchtliche Stärke. Ein jüngerer Schriftsteller, Mucianus, berichtete, daß er bei seinem Aufenthalt dort bemerkte, wie der Wein jeweils mit acht Teilen Wasser vermischt wurde. Er war dunkel und von edlem Duft. Im Alter wurde er immer voller.

Wir können vom Wein des Maron nicht wirklich kosten. Wir wissen nur aus den Worten des Dichters, daß der Wein bei Homer „dunkel" war, daß er „feurig", „rauchig" und manchmal „süß" und „honiggleich" schmeckte – und daß ihn der Gastgeber mit Wasser mischte, bevor er aufgetragen wurde. Für ein Festmahl wie in jenen Epen kann man keinen besseren trockenen Weißwein wählen als den aromareichen Mantinea-Wein, ein Wein, wie ihn die Nachbarn

Ein Festmahl unter Göttern, Kuchen und Früchte auf den Tischen vor ihren Ruhebetten. Zierfries eines Weinmischgefäßes aus Athen, wahrscheinlich vom „Meleager-Maler" um 390 v.Chr.

des Menelaos für das Hochzeitsfest seines Sohnes herbeigebracht haben könnten. Passend wäre auch der leichtere Robola von Kephallenia, wo Odysseus vielleicht Landbesitz hatte. Wählt man einen Rotwein, so vielleicht den wackeren Nemea von den schätzenswerten Weinbergen in den nördlichen Hügeln von Argos. Der Wein von dort war immerhin gut genug für Agamemnon. Als Weißwein nach der Mahlzeit bietet sich der herrlich süße und aromatische Muskat von Lemnos aus der nördlichen Ägäis an. Ein griechischer Feinkosthändler kann all das gewiß ausfindig machen. Doch was immer die Helden getrunken haben mögen, wir ziehen es vor, das Wasser getrennt vom Wein zu servieren!

Olivenrelish

Eine Magd goß Wasser aus einem wunderschönen goldenen Krug über die Hände der Gäste in ein silbernes Becken und stellte einen polierten Tisch vor ihnen auf. Die betagte Beschließerin hatte Brot verteilt, tat Gemüsestückchen in schmackhaften Soßen hinzu und forderte die Gäste auf, von allem, was im Hause war, zu kosten. Der Speisemeister setzte ihnen Bronzeplatten mit allerlei Fleisch vor und stellte goldene Becher vor sie hin. Und ein Diener ging oftmals vorüber und schenkte ihnen Wein ein.

HOMER, *Odyssee I, 136-143*

Hier ein Rezept für Relish aus grünen, schwarzen oder gemischten Oliven. Entferne die Kerne aus den grünen, schwarzen oder gemischten Oliven, und verfahre dann auf folgende Weise: Hacke sie in kleine Stückchen und gib Öl dazu, Essig, Koriander, Kreuzkümmel, Fenchel, Weinraute und Minze. Dann lege das ganze ein. Das Öl sollte alles bedecken. Fertig zum Verzehr.

CATO, *Über den Landbau 119*

Cato ist Römer von altem Schrot und Korn, Soldat und Politiker. Sein Rezept geht etwa auf das Jahr 200 v.Chr. zurück. Aber aus Oliven machte man während der ganzen Antike Relish und würzige Essenzen. Der Olivenbaum wurde in Griechenland schon mindestens 1000 Jahren kultiviert, als die *Ilias* und *Odyssee* geschaffen wurden. Ohne ihn ist die antike Kultur kaum vorstellbar. Bei griechischen Gelagen wurden in Salz eingelegte Oliven aufgetragen und ohne Zweifel manchmal auch als Relish zubereitete, etwa wie oben beschrieben. Olivenpasten und -relishs sind in Feinkostgeschäften fast überall zu haben.

Ein, zwei Einzelheiten des alten Rezepts sind unklar. Bei „Fenchel, Raute und Minze" meint Cato vermutlich die frischen Blätter dieser Kräuter; und so ist es wohl auch beim Koriander; deshalb vermute ich, daß mit „Kreuzkümmel" ebenfalls das grüne Blatt gemeint ist. Doch ist es kaum zu finden und nur schwer zu ziehen. Ich habe es deshalb aus der Liste der Zutaten gestrichen. Auch Fenchelblätter bekommt man nur schwer, es sei denn, man züchtet Fenchel selbst, was leicht gelingt. Das Blatt muß frisch sein. Getrocknet verliert es den anisartigen Duft, den aber auch die Wurzelknollen gewisser moderner Varianten enthalten, die man als Gemüse kaufen kann. Die gehackte Wurzel kann als Ersatz dienen. Wer sich die Arbeit erleichtern will, kaufe entsteinte Oliven – aber auf jeden Fall offen, nicht in Gläsern, Dosen oder vakuumverpackt!

Für vier Personen

120 g schwarze Oliven
120 g grüne Oliven
60 ml Rotweinessig
60 ml Olivenöl
1 gehäufter TL kleingeschnittenes Fenchelblatt oder feingewürfelte Fenchelwurzel
2 TL kleingeschnittener frischer Koriander
2 TL trockene oder kleingeschnittene frische Weinraute
2 gehäufte TL getrocknete oder 3 TL kleingeschnittene frische Minze

Die Oliven nicht zu klein schneiden und Essig und Olivenöl darübergeben. Die Kräuter, wenn sie frisch sind, sehr fein hacken und zu der Mischung geben. Dann das Olivenrelish in ein verschließbares Behältnis füllen und etwas Olivenöl darüberlaufen lassen. Man kann es gleich genießen, wie Cato ausdrücklich sagt. Aber ich meine, daß es noch besser wird, wenn es ein paar Tage durchgezogen ist. Es ist so köstlich, daß ich es kaum je länger aufbewahrt habe. Kosten Sie es mit Pittabrot und würzigem Schafskäse.

Toronischer Hai oder Thunfisch

In Torone mußt du Haifischsteaks kaufen. Würze sie mit Kreuzkümmel und etwas Salz und mit sonst nichts, mein Freund, höchstens noch mit grünem Olivenöl. Wenn sie fertig sind, serviere die Steaks mit gehacktem Salat garniert. Spritze bei der Zubereitung kein Wasser über die Steaks, auch keinen Weinessig, sondern gib nur Olivenöl, trockenen Kreuzkümmel und aromatische Kräuter hinzu. Bereite das Ganze auf heißer Asche, nicht auf lebhafter Flamme, und wende die Steaks häufig, damit sie nicht anbrennen.
ARCHESTRATOS *23*

Es amüsierte in späteren Zeiten die Griechen, die sich so sehr für Meeresfrüchte begeisterten, daß die homerischen Helden „niemals Fisch aßen" – obwohl sie zehn Jahre vor Troja lagen, wo es Thunfisch und andere köstliche Fische in Fülle gab. In Wahrheit war Fleisch für die meisten Griechen ein seltener Luxus, weshalb wahrscheinlich der Dichter gerade dies erwähnte. Die Archäologen beweisen, daß Fisch schon vor Jahrtausenden auf dem griechischen Speiseplan stand, so daß man ihn ohne weiteres in die Speisenfolge der Dichtung mit aufnehmen kann. Die oben zitierten Instruktionen des Archestratos stammen etwa aus dem Jahr 350 v.Chr., doch in einem Haushalt der Zeit Homers ist man wohl ganz ähnlich verfahren. Von den Zutaten, die Archestratos verlangt, kam nur der Kreuzkümmel nicht aus Griechenland, doch selbst er steht neben anderen Gewürzen auf den Tontäfelchen, die in den mykenischen Palästen der Bronzezeit zur Buchhaltung dienten. Demnach kam der Kreuzkümmel schon mindestens 600 Jahre vor Homer nach Griechenland.

Hai wird selten angeboten – und das ist sehr schade. Er ist unter den Mittelmeerfischen einer der fleischigsten und außerdem bemerkenswert schmackhaft. Wenn man Hai nur tiefgefroren kaufen kann, nehme man stattdessen lieber Thunfisch, der ist lediglich eisgekühlt leichter zu haben. Tiefgefrorener Hai muß sorgfältig entfrostet und entwässert werden: Er kann nämlich viel Wasser enthalten.

Weinkrug, Silber vergoldet, aus dem Perserreich, kurz vor seiner Eroberung durch Alexander. Die Handgriffe zieren Fabelwesen.

Für vier Personen

4 Hai- oder Thunfischsteaks (je etwa 100–150g)
3 EL kalt gepreßtes Olivenöl
2 TL gemahlener Kreuzkümmel
60 ml Olivenöl
2 TL kleingeschnittene frische oder getrocknete Kräuter (Petersilie, Oregano, Koriander, Minze)
1/4 TL Salz

Die Steaks mit Olivenöl einpinseln; Kreuzkümmel, Kräuter und Salz in einem Becher mischen; etwas von dieser Mischung auf die beiden Seiten der Steaks drücken und sie von beiden Seiten je sechs bis acht Minuten goldbraun braten. Mit frischem grünen Salat, angemacht mit einem Eßlöffel Olivenöl, einem Eßlöffel Rotweinessig und einem Schuß Fischsoße, servieren.

Der Gourmet-Dichter Archestratos hebt hier nach seiner gewohnten Weise die griechische Stadt hervor, in der das von ihm ausgewählte Gericht am besten zubereitet wurde. Torone war im alten Griechenland das Zentrum einer Weinregion mit schwunghaftem Export. Die Stadt liegt auf der mittleren Halbinsel der dreizackigen Chalkidike in Nordgriechenland. Heute wird kein Wein mehr von der Küste von Torone aus verschifft. Es ist still um sie geworden. Nur noch wenige Besucher halten hier an, obwohl das Ferienparadies von Porto Carras nur 25 Kilometer die Küste hinauf entfernt liegt.

Hühnchen gefüllt mit Oliven

Gib aufgeschnittene frische Oliven in den Hühnerbauch, nähe ihn zu und bringe das Hühnchen zum Kochen. Wenn es gar ist, entferne die Oliven.
Apicius 6, 5, 7

Für zwei bis vier Personen

170 g schwarze Oliven, am besten entsteint
1 kleines frisches Hühnchen
2 Lorbeerblätter
Salz
10 schwarze Pfefferkörner
1 Zwiebel
1 Karotte
1 Stengel Sellerie

Die Oliven grob zerschneiden und das Hühnchen damit füllen. Mit einer groben Stopfnadel und einem Baumwollfaden oder einem feinen Küchenzwirn den Hühnerbauch zunähen. Den Vogel in eine Kasserolle legen und Wasser darübergießen. Die Lorbeerblätter, das Salz, die Pfefferkörner und die Gemüsestücke dazugeben, zum Kochen bringen und dann $1^1/_2$ Stunden lang vor sich hinköcheln lassen, bis es weich ist. Vor dem Tranchieren leicht abkühlen lassen.

Der *Apicius* ist das bekannte römische Kochbuch aus der Zeit um 400 n.Chr. Dies ist eines der einfachsten Gerichte daraus, das die zahlreichen Gewürze nicht kennt, die viele andere *Apicius*-Rezepte auszeichnen. Man hätte es wohl in fast

Olivenernte. Es hieß, die Bäume würden beständiger tragen, wenn man sie nicht mit Gewalt behandelte. Und doch war Herabschlagen der Oliven das übliche Verfahren. Athenischer Weinkrug, etwa 520 v.Chr. vom „Antimenes-Maler".

allen Haushalten der Antike zubereiten können. Die Oliven sollten natürlich dem Hühnchen den Geschmack geben und dann weggeworfen werden. Das ist an sich ganz richtig – und doch ist es eine Verschwendung von Oliven. Ich nehme deshalb entsteinte Oliven und serviere sie mit dem Fleisch.

Da ich dazu neige, auch über die Vorschriften der antiken Rezepte hinaus zu experimentieren, habe ich eine Anzahl von Varianten erprobt. Pfefferkörner habe ich hinzugetan: Die gab es wohl in römischen Zeiten, nicht aber im frühen Griechenland. Das Hühnchen kann auch gebraten, nicht nur gekocht werden. Man sollte dazu Olivenöl und etwas Fischsoße verwenden. Olivenrelish (siehe Seite 31) kann ebenfalls zum Füllen verwendet werden, wenn man etwas gekochten Bulghurweizen hinzufügt. Das Ergebnis ist exzellent.

Und was die Hühner selbst angeht, so haben wahrscheinlich bereits zu Homers Zeiten die ersten griechischen Gockel gekräht. Das „Bauernhofgeflügel", dessen ursprüngliche Heimat Südchina ist, hatte sich allmählich westwärts bis nach Griechenland ausgebreitet: eindeutige Abbildungen von Hühnern und Hähnen sind auf griechischen Vasen aus der Zeit um 700 v.Chr. zu entdecken. Es handelte sich um exotisches Geflügel aus dem Osten. Gänse hielt man dagegen schon auf den Bauernhöfen zur Zeit Homers, wo sie bereits sorgfältig mit Weizen gemästet wurden. Ente, Gans, Wachtel und Taube wären für das Rezept geeignete Ersatzvögel.

Gebratenes Zicklein oder Lamm

„Stell' uns einen größeren Krug hin, Sohn des Menoitios und misch' uns einen stärkeren Wein und stelle jedem einen Becher hin. Denn diese Männer, die unter mein Dach gekommen sind, sind mir sehr teuer", sprach Achilles. Und Patroklos gehorchte dem lieben Freund. Dann stellte er einen mächtigen Hackblock ins Licht des Feuers und legte darauf die Rücken eines Schafs und einer fetten Ziege und den Rücken eines gemästeten Schweins. Automedon hielt das Fleisch für ihn fest, und Achilles schnitt es auf. Er zerschnitt es und steckte die Stücke an Spieße. Indessen entflammte Patroklos, der Göttergleiche, das Feuer. Als es niedergebrannt und die Flammen erstorben waren, breitete er die Glut aus und ordnete darüber die Spieße an, indem er sie auf die Gabeln legte; und er bestreute das Fleisch mit heiligem Salz. Nachdem er es gebraten und auf die Tragbretter gehäuft hatte, stellte Patroklos das Brot in schönen Körben auf den Tisch, und Achilles verteilte das Fleisch.

HOMER, *Ilias* 9, 202-217

Mariniertes Zicklein oder Lamm: 1/2 l Milch, etwa 100 g Honig, 25 g Pfeffer,ein bißchen Salz, ein wenig Asa foetida. Für die Soße: 60 ml Öl, 60 ml Fischsoße, 60 ml Honig, 8 zerdrückte Datteln, 1/4 l guten Wein, ein wenig Stärkemehl.

Apicius 8, 6, 7

Gebratenes Zicklein oder Lamm ist ein hervorragender Hauptgang beim Schmaus nach Art der Helden. Lamm war im alten Griechenland das beliebteste Gericht bei besonderen Gelegenheiten, so wie heute zu Ostern. Das Rezept aus dem *Apicius* ist eine erstklassige Empfehlung, wie man Lamm für ein Festessen zubereiten kann. Es macht etwas Mühe, ist jedoch die Mühe wert. Die Marinade wegzuschütten, mag verschwenderisch erscheinen, aber sie gerinnt, wenn sie erhitzt wird, und verdirbt das fertige Gericht.

Für sechs Personen

Schulterstück eines Zickleins oder 2 1/2 Pfund Lammhaxe
Olivenöl

Marinade
2 1/2 Tassen (1/2 l) Milch
1/2 Tasse (etwa 100 g) klarer Honig
1 EL (30 g) Pfeffer
Salz
1/2 TL Asa foetida-Pulver oder 5 Tropfen Asa foetida-Tinktur

Soße
8 zerdrückte und getrocknete Datteln
1/4 l Rotwein
4 EL (60 ml) Olivenöl
2 EL (60 g) klarer Honig
4 EL (60 ml) Fischsoße
eine Prise Maismehl

Die Ingredienzen der Marinade mischen und das Fleisch darin einlegen. Gelegentlich wenden, damit es richtig durchtränkt wird, und über Nacht ziehen lassen. Gleichzeitig sollen sich die Datteln mit etwas Rotwein vollsaugen. Am nächsten Tag das Fleisch aus der Marinade nehmen und trockentupfen; dann kräftig gewürzt in Olivenöl braten, 20 Minuten je Pfund plus zusätzliche 20 Minuten. Wenn der Braten nahezu gar ist, die Datteln zerstoßen, zu dem übrigen Rotwein, Honig, Fischsoße und Öl geben. Zum Kochen bringen und die Soße mit Maismehl andicken. Den fertigen Braten zehn Minuten ruhen lassen, ehe man ihn in dicke Scheiben geschnitten mit etwas Soße serviert.

Dies Rezept ist eines der wenigen in römischen Kochbüchern mit genauen Mengenangaben. Sie scheinen zuverlässig, zumindest gelingt das Gericht sehr gut damit. Ich habe sie unverändert übernommen. Die Angabe von Mengen ließ manche Fachleute vermuten, es handle sich ursprünglich um ein griechisches Rezept. Dafür spricht auch, daß zu diesem Gericht weniger Kräuter und Gewürze gegeben werden als in anderen Rezepten des *Apicius*. Es schmeckt besonders gut mit Zicklein.

Pfannkuchen mit Honig und Sesamkörnern

Nehmen wir uns die Zeit, von anderen Kuchen zu sprechen, von solchen, die mit Weizenmehl gebacken werden. Teganitai, wie wir sie nennen, sind einfach in Öl gebacken. Das Öl wird in eine Bratpfanne auf rauchlosem Feuer gegeben. Sobald es heiß ist, schüttet man einen Teig aus Weizenmehl mit viel Wasser hinein. Wenn er im Öl brät, setzt er sich rasch und dickt ein wie frischer Käse in einem Korb. Jetzt wendet der Koch den Inhalt der Pfanne, so daß die zunächst sichtbare Seite nun unten am Pfannenboden liegt und die durchgebratene, die zuerst unten war, nach oben kommt. Wenn die untere Seite fest geworden ist, wendet man das Ganze noch einmal, vielleicht zweimal, bis alles gleichmäßig durchgebacken ist. Manche mischen Honig darein, andere widerum Meersalz.

GALEN, *Über die Eigenarten der Speisen* 1, 3

Für vier Personen

3/4 Tasse (120 g) Mehl
1 Tasse (225 ml) Wasser
2 EL (30 g) klarer Honig
Öl zum Braten
1 EL (15 g) geröstete Sesamsaat

Mehl, Wasser und 1 Eßlöffel Honig zu einem dünnen Teig verrühren. In einer Bratpfanne 2 Eßlöffel Öl erhitzen und ein Viertel dieser Mischung in das Fett gießen. Wenn er sich etwas gefestigt hat, den Pfannkuchen zwei- oder dreimal wenden, bis er eine gleichmäßige Farbe hat. Mit den drei anderen Pfannkuchen ebenso verfahren. Sesam darüberstreuen und mit dem übrigen Honig servieren.

Es ist erstaunlich, wie wenig die Speiserezepte sich von einem Jahrtausend zum nächsten ändern. Der große Arzt Galen (129-199 n.Chr.), ein unermüdlicher und sehr genauer Fachmann in allen Ernährungsfragen, gibt eine so ernsthafte und haargenaue Beschreibung, daß er sich wohl Notizen gemacht hat, während er einen Koch beim Zubereiten von Pfannkuchen beobachtete – kaum vorstellbar, daß er vor 1800 Jahren schrieb. Darüber hinaus war dieses Gericht bereits zu seiner Zeit mindestens 800 Jahre alt. Schon der frühgriechische Dichter Hipponax hatte von Pfannkuchen geschrieben, die „mit Sesamsamen gewürzt" waren. Die Schlemmer der attischen Komödie schwärmten vom feinen Dunst, der „schon zu taufrischer Morgenstunde von warmen Pfannkuchen aufsteigt", und von dem Honig, den man darüber gießt, so daß sie zischen: ein Frühstück, kein Zweifel, und gewiß eines, das man im alten Athen auf den Straßen aus tragbaren Pfannen verkaufte.

RECHTS *Der blinde Phineus wird von geflügelten Harpyen gequält, die seine Speisen besudeln und an sich reißen. Mythologische Szene auf einem athenischen Weinkrug vom „Kleophrades-Maler" um 480 v.Chr.*

Man kann auch heutzutage Pfannkuchen mit Honig und geröstetem Sesam auftischen. Was Galen beschreibt, ist aber nicht ganz der uns vertraute Pfannkuchen, sondern ein etwas dickerer Kuchen, wie Blini oder sogar noch dicker, wenn man berücksichtigt, daß er so oft gewendet werden mußte. Aus der obigen Beschreibung schließe ich auch, daß mehr Öl zum Braten verwendet wurde, als wir normalerweise nehmen würden.

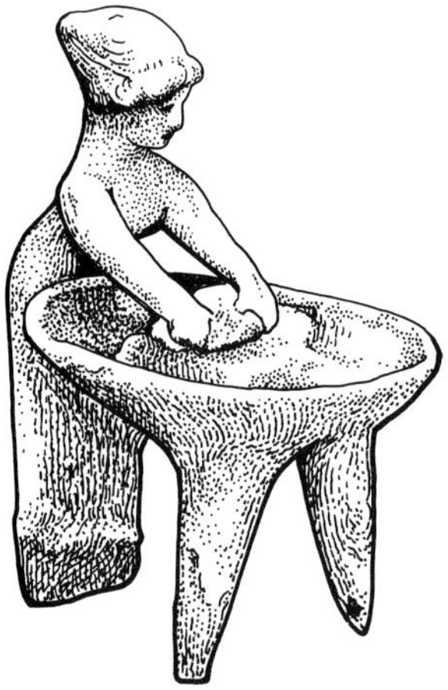

Eine Frau mahlt Getreide. Griechisches Terrakottafigürchen.

Kykeon

Die schönhaarige Hekamede machte Kykeon für sie – Hekamede, die der Greis aus Tenedos erhalten hatte, von den Griechen für ihn ausgewählt, weil er als Ratgeber alle anderen übertraf. Zuerst stellte sie den Tisch vor ihnen auf, eine schön polierte Tafel auf dunkel glänzendem Gestell. Darauf setzte sie einen Bronzenteller mit Zwiebeln als Kost zum Trunk und gelben Honig dazu. Danach kam heiliges Gerstenmehl. Und in dem Becher bereitete die herrliche Frau Kykeon für sie mit pramnischem Wein. Mit einem bronzenen Gerät rieb sie Ziegenkäse hinein und streute Gerstenmehl darüber. Und als der Kykeon zubereitet war, lud sie sie zum Trinken ein.

HOMER, *Ilias 11,* 638-41

Wie war wohl das merkwürdige, zweifellos nahrhafte Gebräu beschaffen, das die kriegsgefangene Frau für Nestors Freunde nach harter Tagesarbeit bei der Belagerung von Troja zubereitete? Was es auch gewesen sein mag, es begegnet uns immer wieder in der frühen griechischen Dichtung – und der Leser spürt schnell, daß auch ein rituelles Element mitschwingt. Die Mischung aus Wein und Korn vereint die Gaben des Weingottes Dionysos und der Demeter, der Göttin, die den Menschen Weizen und Gerste gab. Kykeon konnte auch gefährlich sein. Frauen, die sich mit der Wirkung von Kräutern auskannten, konnten ihn zu höchst fragwürdigen Zwecken gebrauchen: dazu, Männer in tiefen Schlaf zu versenken, vielleicht zu Schlimmerem. Kirke „rührte Käse, Gerste und gelben Honig in pramnischen Wein und mischte in die Speise gefährliche Kräuter", um die Gefährten des Odysseus in Schweine zu verwandeln.

Aber wie wurde Kykeon genau zubereitet? Einen ersten Hinweis gibt uns der Name selbst, denn „kykân" heißt etwa so viel wie „buttern", „gerinnen", „eindicken durch Umrühren". Das deutet hin auf eine Art Suppe oder Brei. Ein byzantinischer Gelehrter meinte, „Kykeon scheint etwa eine Konsistenz zwischen Speise und Getränk besessen zu haben. Vielleicht war es wirklich so etwas, das man wie Suppe schlürft".

Zuerst glaubte ich, daß die eindickende Wirkung von der Gerste ausgehe, daß sie im Wein quellen müsse, bis sie weich und knetbar wird. Aber die Gerste wurde nicht recht weich. Oder hatte man sie vor dem Einweichen gemahlen? Wenn ja, dann wurde sie zunächst geröstet, um sie von den Hülsen zu befreien. Der Dichter scheint es genau zu sagen „geröstet und gemahlen"; aber auch dann läßt sich Gerste nicht in Flüssigkeit eindicken. Nach verschiedenen Versuchen gab ich Wein, Gerste, Honig und etwas milden Ziegenkäse in eine Pfanne und erhitzte die Mischung. Das ergab den erhofften, sehr wohlschmeckenden Brei.

Ein Rezept aus Catos Handbuch der Landwirtschaft bestätigt, daß ich der wahren Natur des Kykeon nahegekommen sein könnte. „Karthagischer Gerstenbrei wird folgendermaßen zubereitet", unterweist er uns. „Lege 1 Pfund

Emmer in Wasser, bis es ganz und gar durchtränkt ist. Dann gieße es in ein sauberes Gefäß. Dazu gib 3 Pfund frischen Käse, 1/2 Pfund Honig, 1 Ei . Das alles wird gut gemischt und in ein neues Gefäß gegeben." Man hätte den Emmer, eine Weizensorte, sicher geröstet, wenn sie noch in den Hülsen gewesen wären, und dann mit der Hand gemahlen, etwa wie Grieß. Wenn wir statt Catos Wasser Wein nehmen und das Ei weglassen, weil es die Mischung zu fest werden läßt, dann haben wir ein Gericht, das dem Kykeon wohl sehr nahe kommt.

Dank Cato ist manches klarer. Der milde, weiche Käse ist die Hauptzutat und trägt besonders dazu bei, daß das Ganze dickflüssig wird. Gerstenmehl verleiht dem Brei Festigkeit und verhindert, daß er gerinnt. Die Konsistenz, die Kykeon haben muß, wird durch den Käse bewirkt, nicht durch die Gerste. Ganz leicht gekocht, wird die Mischung zu einem halbflüssigen Brei, den man tatsächlich aus der Suppentasse schlürfen kann.

Catos Rezept ist wirklich brauchbar. Man nehme nur Grieß statt Emmer.

Für vier Personen

3/4 Tasse (120g) Gerstengrieß
375 g Ricotta-Käse
60 g Honig
etwas geschlagenes Ei

Den Grieß knapp mit Wasser bedeckt 10 bis 15 Minuten quellen lassen. Dann das übriggebliebene Wasser abgießen und Ricotta-Käse, Honig und das geschlagene Ei hinzugeben. Vorsichtig zum Kochen bringen und ein paar Minuten köcheln lassen.

Letztlich bleiben alle Versuche, Kykeon herzustellen, Experimente. Die wahre Zubereitungsart wäre erst noch zu entdecken. Die Forscherfreude in antiker Kochkunst besteht in detektivischer Kleinarbeit, in Spurensuche, bei der man unvermutet auf neue Geschmackserlebnisse stößt und mit etwas Glück vielleicht einem ursprünglichen Rezept nahe kommt.

Im mythischen Garten der Hesperiden bewacht die Schlange Ladon die goldenen Äpfel. Bald wird Herakles die Schlange töten und drei der Äpfel an sich nehmen – die elfte seiner Taten.

2

Das Gastmahl des Philoxenos

Die herkömmlichen Vorstellungen von geselligen Veranstaltungen und Vergnügungen im klassischen Athen betreffen hauptsächlich den Weingenuß. Das Wort *symposion* heißt nichts anderes als „zusammen trinken". Wer reich genug war, um über ein Haus von mehr als ein oder zwei Zimmern zu gebieten, reservierte eines für eben diesen Zweck. Der Raum war im allgemeinen mit fünf oder mehr Liegen rings an den Wänden ausgestattet, nach denen auch seine Größe beschrieben wurde – ein „Fünf-Liegen-Zimmer" oder eben entsprechend.

Detaillierte Beschreibungen enthält ein einzigartiges Dokument aus Sizilien oder Griechenland aus der Zeit um 400 v.Chr., das bemerkenswert sinnenfrohe „Gastmahl" des Philoxenos, eine dichterische Feier intensivster Tafelfreuden, eine literarische Abendgesellschaft:

> *Wasser für die Hände, ein Silbergefäß, ein zarter Knabe, der Wasser über unsere Hände gießt; Anmutige, zarte Myrthenzweiglein zu Girlanden verwoben. Herein brachten ein Paar Sklaven einen schimmernden Tisch für uns, dann einen weiteren für andere und immer noch einen, bis der Raum gefüllt war.*
>
> *Sie brachten schneeweiße Gerstenbrote in Körben herbei. Eine Kasserolle – nein, größer noch – gefüllt mit herrlichem Aal, der dem Meeraal glich. Und dann, mein Lieber, noch Garnelen in Honig glasiert und dazu mit Meersalz bestreute Tintenfische, kleine Vögelchen in Blätterteig, und gebackenen Thunfisch, Ihr Götter! Was für ein gewaltiges Tier, frisch vom Feuer, frisch aus der Pfanne und frisch aufgeschnitten, reichlich herrliche Stücke aus seinem zarten Bauchfleisch zu unserer Freude, solange wir bleiben und weiter schmausen wollten.*

Wer mag der unkonventionelle Verfasser gewesen sein? Moderne Herausgeber versichern, es handle sich um Philoxenos aus Leukas, einen legendären Schlemmer, von dem behauptet wurde, er habe kochend heißes Wasser getrunken und seine Hände in heißes Badewasser getaucht, um sich dafür zu trainieren, die besten Stücke zu verschlingen, wenn sie ganz frisch vom Herd oder aus dem Ofen kamen.

Frauen beim Wasserholen: seit alters eine Gelegenheit, sich zu treffen und zu plaudern.

Schlemmer mag er gewesen sein, doch niemand weiß, ob Philoxenos von Leukas überhaupt irgend etwas geschrieben hat. Es ist viel wahrscheinlicher, daß das Gastmahl von dem einst berühmten Philoxenos von Kythera verfaßt wurde, einer weit interessanteren Persönlichkeit. Er war Hofdichter bei Dionysios I. von Syrakus (etwa 430-367 v.Chr.), dem Herrscher über die griechischen Städte Siziliens. Bekannt wurde er vor allem durch das Gedicht „Galatea", in dem der Kyklop sich in eine Bergnymphe verliebt. Der unglückliche Philoxenos selbst, so heißt es, sei eines Tages im Bett einer anderen Galatea, der Geliebten des Königs, festgenommen und zur Strafe zu Schwerarbeit in den Steinbrüchen von Syrakus verurteilt worden. Nichts davon ist natürlich im Gastmahl zu erahnen!

Schließlich hatten wir uns mit Essen und Trinken den Bauch gefüllt: Die Diener räumten die Reste beiseite und brachten warmes Wasser, Seife und Lilienöl für unsere Hände.Sie reichten uns Musselinhandtücher, herrliche Duftstoffe und Veilchensträuße.Dann wurden dieselben glänzenden Tisch-

chen wiedergebracht, beladen mit weiteren Leckereien, Nach-Tisch, wie man so sagt: Herumgereicht wurden süße Teigmuscheln, knusprige Pfannkuchen, honiggetränkte geröstete Sesamkuchen, süßer Käsekuchen mit Milch und Honig zubereitet und wie ein Pastetchen gebacken, Konfekt aus Käse und Sesam, in kochend heißem Öl fritiert und in Sesamsamen gewälzt...

Wenn frische Tische hereingebracht wurden, bedeutete das zugleich die Pause zwischen den eigentlichen Tafelfreuden und dem Zechgelage. Erst jetzt, zusammen mit Süßigkeiten und Nüssen, wurde überhaupt Wein gereicht. Zu abendlicher Stunde, wenn sie gegessen hatten, hielten die Griechen Ausschau nach einem Haus, das reichlich Wein verhieß.

In einem ordentlich geführten Haus war das Speisezimmer der Ort für die Gastmähler und Gelage der Männer. Die Frauen des Hauses traten nicht in Erscheinung. Tänzerinnen und Flötenspielerinnen hingegen, die man für solche Gelegenheiten mieten konnte, boten oft genug ihre Dienste an.

Ein unterhaltendes Programm und Wein; Dichtung und Musik; und oft, so darf vermutet werden, auch tiefsinnige, ernste Gespräche. In Platons berühmtem *Symposion* ist beschrieben – wie realistisch, das weiß man nicht – wie der Philosoph Sokrates (etwa 470-399 v.Chr.), der Komödiendichter Aristophanes und weitere Zechgenossen über die Natur der Liebe diskutieren. Der Anlaß für

Zwei fette Nachtschwärmer: „Dikaios-Maler“ um 500 v.Chr.

dieses berühmte Gespräch war ganz einfach dieser: Der Dichter Agathon hatte Freunde geladen, mit ihm seinen ersten Preis beim alljährlichen Theaterwettstreit zu feiern.

Sokrates selbst war überraschend dazugekommen. Der greise Philosoph hatte auf der Straße einen Freund getroffen, der eingeladen war, und der hatte ihn überzeugt, daß Agathon auch einen weiteren Gast willkommen heißen würde. Auf den Liegen fand sich leicht noch Platz, die waren groß genug für zwei und, wenn man enger zusammenrückte, auch für drei.

Wollten sie heute einer Flötenspielerin lauschen? Sie war schon bestellt, aber der ungeladene Gast zog ein Gespräch vor. „Ich glaube", sagte Sokrates, „wir können dem Flötenmädchen sagen, sie solle gehen und für sich alleine spielen – oder, wenn sie will, auch für die Frauen drinnen." Und so begann das Gespräch. Aristophanes mit seiner lebhaften Vorstellungskraft sprach vom Schöpfer, der die Lebewesen, die ursprünglich die Gestalt von Kugeln hatten, geteilt habe. Dabei ergaben sich manchmal zwei Männer, manchmal ein Mann und eine Frau und manchmal auch zwei Frauen. Seitdem suchen wir alle nach unserer anderen Hälfte. Als Aristophanes geendet hatte, teilten alle anderen ihre Vorstellungen über die „Liebe", ihre Ursprünge und Ziele mit.

Die Nacht schritt voran. Da vernahm man plötzlich Lärm vom Hof. Platon berichtet:

Ausschnitt aus einem Gelage, gemalt von Duris um 430 v. Chr. Hinter den Zechern hängen Trinkgefäße und Weinkrüge an der Wand. Junge Sklaven bedienen.

Es wurde an die äußere Tür geklopft, sehr laut, als handle es sich um eine Schar von Nachtschwärmern. Eine Flötenspielerin war zu vernehmen. „Geht und seht nach," sagte Agathon. „Wenn es einer von unseren Freunden ist, ladet ihn ein. Wenn nicht, dann sagt ihm, daß wir mit dem Trinken schon fertig sind."Ein wenig später hörten sie im Hof die Stimme des Alkibiades, die sehr betrunken klang, „Wo ist Agathon? Bringt mich zu Agathon!" Eine Flötenspielerin und ein paar seiner Kumpane halfen ihm herein. Er stand an der Türe. Einen Kranz aus Efeu mit Veilchen und vielen Bändern um sein Haupt, und sprach: „Seid gegrüßt, ihr Herren. Wollt ihr einen schon stark angetrunken Mann als Mitzecher? Oder sollen wir, wie es unsere Absicht war, dem Agathon ganz einfach die Glückwunschgirlande aufs Haupt setzen und wieder gehen?"

Alkibiades (etwa 450-404 v.Chr.), einst Schüler des Sokrates, jetzt ein glänzender Politiker, später gar als Verräter Athens gebrandmarkt, wurde willkommen geheißen. Er bestieg als dritter Mann die Liege, auf der Sokrates schon lag, und die Unterhaltung ging weiter, bisweilen scherzhaft, dann wieder ernst. Bei Tagesanbruch, so endet der Erzähler, schliefen die meisten Gäste – Sokrates aber führte noch immer ein ernsthaftes Gespräch.

Xenophon, ein weit realistischerer Schriftsteller, hatte wohl das Gefühl, Platon habe ein unzutreffendes Bild von den Zechereien entworfen, an denen Sokrates teilnahm. Xenophons Symposion ist ganz anders. Das Gespräch berührt, vom Zufall gesteuert, vielerlei Gegenstände und es gab Unterhaltung von einem professionellen Entertainer, der von Tür zur Tür ging und sich nach solchen Abendgesellschaften umsah. Ihm gehörten ein junger tanzender Sklave und ein Mädchen, das akrobatische Kunststücke vorführte, indem es zwischen aufgepflanzten Schwertern hin- und hersprang. Sokrates' Aufgabe ist nun in Xenophons Gelage nicht, die Unterhaltungstruppe fortzuschicken (wie bei Platon); er kümmerte sich vielmehr um den Inhalt der Darbietungen. Schönheit ließe sich wirkungsvoller entfalten als zwischen aufgerichteten Schwertern, meinte er, und schlug einen erotischen Tanz vor, den die beiden Sklaven dann zusammen aufführten.

Die folgenden Rezepte passen in das Menü eines klassischen Gastmahls. Philoxenos hatte ja einige Gerichte genannt, darunter in Honig glasierte Garnelen, gebackenen Thunfisch und Gerstenbrote. Ein weiterer kurzer Auszug aus seiner Speisefolge gibt Anregungen für Knabbereien, die aufgetragen werden können, wenn der Wein weiterhin reichlich fließt:

Frische junge Kichererbsen in Öltunke,
Eier,
junge, weiche Mandeln,
Walnüsse.

Ein „Partygirl" zeigt sein Geschick beim Kottabos*: Der letzte Tropfen Wein wurde mit einer geschickten Bewegung des Handgelenks auf ein Ziel geschleudert. Athenisches Trinkgefäß, wahrscheinlich von Onesimos, um 500 v. Chr.*

Zwei Frauen spielen Kottabos*, wobei die linke spricht: „Der ist für dich, Euthymides." Der Gemeinte ist nicht zu sehen.*

Die Athener des fünften und vierten Jahrhunderts tranken gern Weine von den Küsten der Ägäis und ganz besonders die von den größeren Inseln Thasos, Lesbos und Chios. Als der Philosoph und Gelehrte Aristoteles (etwa 384-322 v.Chr.), der in Athen lehrte, auf dem Sterbelager gefragt wurde, wen er als seinen Nachfolger nennen wolle, konnte er sich nicht entscheiden zwischen Eudemos von Rhodos und Theophrastos von Eresos auf Lesbos (etwa 371-287 v.Chr.). Noch im Sterben ließ er sich Wein aus Rhodos kommen. „Das ist wahrhaftig ein ordentlicher, angenehmer Wein", sagte er, als er davon schlürfte. Dann bat er um einen Becher Wein aus Lesbos. „Beide sind wirklich sehr gut," meinte er, „aber der aus Lesbos ist süßer." Seine Anhänger verstanden den zarten Hinweis und machten Theophrastos zum Leiter der Schule.

Der Arzt Galen, schätzte den Wein aus Theophrastos' Heimatstadt Eresos als den aromareichsten und süßesten von allen. Die Weine von diesen Inseln findet man heute nur noch selten außerhalb Griechenlands, aber der berauschende Muskat von Samos, wohlbekannt seit byzantinischen Zeiten, gibt als Ersatz für Lesboswein einen guten Dessertwein ab. Wenn wir nach einem Repräsentanten für Wein von Chios Ausschau halten, wo man den dunklen Wein entwickelt haben soll, dann können wir noch etwas weiter blicken. Reben von Chios wurden in römischer Zeit nach Italien verpflanzt. Sie könnten durchaus die Vorgänger der Aglianice (hellenischen) Trauben in manchen Weinbergen Süditaliens sein. Als guten, rauchigen Rotwein griechischer Abstammung wähle man Aglianico del Vulture. Er paßt gut zu Wild und Gebratenem.

In Honig glasierte Garnelen

Für zwei Personen

225 g gekochte, geschälte Garnelen
1 EL Olivenöl
2 EL Fischsoße
1 EL klarer Honig
2 TL feingehackter Oregano
schwarzer Pfeffer

Tiefgefrorene Garnelen müssen gut aufgetaut und abgetropft sein. Öl, Fischsoße und Honig in eine Kasserolle geben, die Garnelen hinzufügen und sie fünf bis sechs Minuten leicht in der Brühe sautieren, bis sie weich sind. Mit einem Sieb herausnehmen und warmhalten. Die Brühe auf dem Feuer lassen und zur Hälfte verkochen. Dann die Soße mit Oregano abschmecken und über die Garnelen gießen. Über das Ganze den gemahlenen Pfeffer streuen und das Gericht mit Brot und einfachem Salat als Vorspeise servieren.

Bei Philoxenos klingt alles sehr verheißungsvoll, aber seine Dichtung bietet für die Zubereitung keinerlei Hilfe! Fischsoße und Olivenöl waren zweifellos unter den Ingredienzen – neben Honig natürlich. Oregano wird empfohlen, weil schon die Griechen wußten, wie gut er sich für ein Gericht aus Meeresfrüchten eignet.

Thunfischsteaks

...dieser junge gesalzene Thunfisch kostet zwei Obolen. Er muß sehr gründlich gewaschen werden. Dann gebe ich Gewürze in eine kleine Kasserolle, lege das Thunfischsteak hinein, gieße Weißwein darüber und überziehe das Ganze mit Öl. Dann lasse ich es brodelnd kochen, bis der Fisch so wunderbar zart ist wie Mark. Schließlich verfeinere ich das Gericht mit einer großzügigen Portion Silphium.

Alexis 186, *zitiert bei* ATHENAIOS 117d

Ein Käufer feilscht mit einem Fischhändler um Thunfischsteaks.

Für zwei Personen

2 Thunfischsteaks
halbtrockener Weißwein
Salz und Pfeffer
2 EL Olivenöl
3 Tropfen Asa foetida-Tinktur

Die Steaks mit Weißwein knapp bedecken; mit Salz und Pfeffer würzen und Olivenöl dazugeben. Die Steaks können auf dem Herd oder im Backofen gegart werden und müßten je nach Stärke der Scheiben in 20 bis 25 Minuten fertig sein. Vor dem Servieren die Asa foetida-Tinktur hinzugeben und die Soße ein wenig einkochen.

Das Originalrezept – eine Randbemerkung in einer athenischen Komödie – ist für „Fisch der Saison" (tarichos horaios), offenbar einjährigen Thunfisch, den man auf seiner Wanderung aus dem Schwarzen Meer ins Mittelmeer gefangen und gleich eingesalzen hat. Man mußte ihn abwaschen, um den unerwünschten Salzgeschmack zu beseitigen. Dieses köstliche Rezept ist typisch für die Neigung der Griechen zu einfachen Speisen.

„Wenn du in die heilige Stadt Byzanz kommst," schrieb der Feinschmecker Archestratos, „iß dort noch einmal ein Stück Horaios für mich. Er ist dort gut und zart!" Heutzutage können wir gefrorene Thunfischsteaks ohne große Umstände kaufen. Bei guten Fischhändlern und in manchen Supermärkten sind sie aber auch frisch erhältlich. Es lohnt sich sehr, danach zu suchen.

Kohl auf athenische Art

Der Kohl sollte mit einem möglichst scharfen Messer geschnitten, dann gewaschen, abgetropft und mit viel Koriander und Weinraute kleingeschnitten werden. Beträufle ihn dann mit Honigessig und füge ein wenig Silphium hinzu.
Mnesitheos, zitiert in OREIBASIOS, *Medizinische Sammlungen* 4,4,1

Oxymeli (Honigessig): Den Honig zum Kochen bringen, bis er schäumt, den Schaum abschöpfen und so viel Essig hinzugeben, daß die Mischung nicht zu scharf und nicht zu süß wird; das Ganze erneut aufkochen, bis es wohl durchmischt und nicht mehr roh ist. Zum Gebrauch mit Wasser verdünnen, so als mische man Wein mit Wasser!
GALEN, *Wie man gesund bleibt* 4,6

Für sechs Personen

1 kleiner Weißkohl
2 gehäufte TL kleingehacktes frisches Koriandergrün in Öl
2 TL kleingehackte frische oder getrocknete Weinraute
2 Prisen Asa foetida-Pulver
Salz

Honigessig
4 EL (60 g) Honig
2 EL Rotweinessig

Zuerst den Honigessig nach Galens Anweisung zubereiten. Den Honig aufkochen und abschöpfen, den Essig hinzugeben, ein wenig eindicken und die Mischung beiseite stellen. Das Gemüse feinschneiden und abtropfen lassen. Die Kräuter und 3 Eßlöffel Honigessig untermengen; das Asa foetida-Pulver und ein wenig Salz darüberstreuen.

Dieses Rezept ist bei griechischen und römischen Schriftstellern durchaus verbreitet. Oreibasios (4. Jahrhundert n.Chr.), ein angesehener Arzt der spätrömischen Kaiserzeit, hat es einem viel älteren Buch entnommen, das Ernährungsratschläge enthält. Es stammt von Mnesitheos (4. Jahrhundert v.Chr.), einem medizinischen Schriftsteller aus Athen. Die Ärzte interessierten sich für dieses Gericht, weil man damit Kopfschmerzen kurieren konnte. Außerdem half es bei Magenverstimmung, zumindest behauptet das der Enzyklopädist Plinius: Er überliefert noch eine andere Variante des Rezepts aus Catos Handbuch der Landwirtschaft. Dort wird es gegen steife Gelenke empfohlen. Das

Was man zum Gelage braucht: Hinten von links nach rechts: Ein psykter *(Weinkühler); ein* stamnos *und eine* amphora *(zur Aufbewahrung des Weins); zwei* kratere *(Mischkrüge). Mitte: Weinschöpfer und Sieb vor einem* kylix *(Trinkschale), von unten gesehen. Links und rechts vorne: Trinkgefäße, Krüge und zwei kleine Gefäße für Nüsse oder Süßigkeiten.*

Salz, das ich in meiner Fassung dazugegeben habe, entnahm ich dem Rezept Catos (etwa 234-149 v.Chr.). Ob gesund oder nicht, Mnesitheos hat jedenfalls recht mit der Feststellung, daß Kohl in Honigessig eine köstliche Vorspeise oder Beilage sei. Obendrein ist sie leicht zuzubereiten.

Die Römer bauten Kohl mit Begeisterung an und verspeisten ihn ebensogern. Plinius beschreibt drei Sorten. Da gab es zunächst einen gekräuselten, dessen Blätter „wie Petersilie" aussahen, vielleicht dem Wirsingkohl vergleichbar. Die breiten Blätter des zweiten waren am Strunk angewachsen wie beim Grünkohl. Der dritte hatte festgeschlossene Blätter. Bei ihm handelte es sich offenbar um Weißkohl. Des weiteren führt Plinius aus, wie viele Krankheiten man mit Kohl kurieren könne. Er diente nicht nur als Umschlag bei Wunden: Vor einem Gastmahl genossen, verhinderte er Trunkenheit; wenn man ihn nach dem Gelage aß, schützte man sich vor einem Kater. Unsere Versuche haben solche Hoffnungen allerdings leider nicht bestätigt!

Gerstensemmeln

Zunächst möchte ich dich an die Gaben erinnern, die die Menschen der schönhaarigen Demeter zu danken haben, mein Freund Moschos: Nimm dir dies zu Herzen. Die beste dieser Gaben, die schönste von allen, reinlich umhüllt von schönen, reifen Ähren, das ist die Gerste von dem meerumspülten Hügel der berühmten Stadt Eresos auf Lesbos – weißer als Schnee, der vom Himmel fällt. Wenn die Götter Gerste äßen, Hermes müßte sie dort erwerben.
ARCHESTRATOS 4

Gerste hat wenig Eiweißstoffe. Wenn man für Brot reines Gerstenmehl benutzt, wird der Laib flach und schwer. Die Rinde und das Innere können sehr trocken sein. Möglicherweise haben die Bäckermeister für ihre Semmeln zum Gastmahl eines Feinschmeckers wie Philoxenos Gerstenmehl und andere Mehlsorten gemischt, um ein lockeres Brot anbieten zu können. Gerste war unter den Getreidearten im alten Griechenland, die verbreitetste. Archestratos' Begeisterung bestätigt dies. Dennoch wurde sie selbst dort nicht überall zum Brotbacken verwendet. In Rom dagegen war Gerste die Speise eines Soldaten, der bestraft werden sollte. In der römischen Kaiserzeit begannen auch die Griechen die Gerste, die doch im Klima Griechenlands so wohl gedieh, mehr und mehr zu verachten.

Elizabeth David empfiehlt in ihrem hervorragenden Buch *English Bread and Yeast Cookery* eine Mischung aus Gersten- und einem groben Weizen-Vollkornmehl imVerhältnis von Eins zu Eins. Sie führt auch ein sehr einfaches Gerstenbrotrezept aus Cornwall an. Es paßt gut zu Geschmacksrichtungen der klassischen Antike und bildet die Grundlage der nachfolgenden Adaptation: „Den Brotteig mit einem Tuch bedeckt an einen warmen Platz stellen. Wenn er aufgegangen ist, kegelförmige Laibe formen und sie unter einem Kessel auf dem Herd backen. Die Laibe werden gewöhnlich zu je drei gebacken; die weiche Stelle, wo die Laibe einander berühren, nannte man Rindenkuß."

Die Griechen und auch die Römer buken auf dem Herd unter einem schüsselförmigen Backziegel (*testum*). Die Köche häuften rotglühende Kohlen über die Schüssel und bildeten so einen Minibackofen auf dem offenen Herd. Das alles können wir nicht nachahmen: Wir können nur den Behälter mit dem Teig erhitzen. Die Tonschüssel kann durch einen großen Kochtopf ersetzt werden. Auch ein großes Metall- oder Steingutgefäß, das für den Backofen taugt, läßt sich verwenden. Viele *testa*, die man gefunden hat, haben oben drauf ein paar kleine Löcher. Ich habe es auch mit einem großen, flachen Tongefäß von 30 Zentimeter Durchmesser und etwa 13 Zentimeter Höhe versucht. Löcher sorgten für Luftzirkulation. Wenn Ihre tönerne Backform keine Löcher hat, stützen Sie den Behälter auf einer Seite etwa 2,5 Zentimeter über die Backfläche auf. Möglicherweise müssen Sie zweimal backen, wenn Ihr Behälter zu klein ist, um alle Semmeln gleichzeitig zu bedecken.

Für zwölf Stück

Der Sauerteig
60 g Gerstenmehl
1 TL frische oder $^{1}/_{2}$ TL getrocknete Hefe

Der Teig
$1^{1}/_{2}$ Tassen (170 g) grobes Vollkornmehl
$1^{1}/_{2}$ Tassen (170 g) Gerstenmehl
1 TL Salz

Für den Sauerteig die Hefe in einem Eßlöffel warmem Wasser auflösen und mit 60 g Gerstenmehl zu einem Teig formen. Den Teig kurz durchkneten und einen Klumpen formen. In der Mitte ein Kreuz einritzen und mit dem Daumen eine Mulde eindrücken. In den Einschnitt einen Teelöffel warmes Wasser gießen. Das Ganze in einer Schüssel mit Deckel für mindestens 24 Stunden an einem warmen Platz (ideal ist ein belüfteter Schrank) gären lassen.

Nun zum Teig: Das Vollkornmehl und das Gerstenmehl durch ein Sieb geben. Hinzu kommen ein Teelöffel Salz und der Sauerteig. Mit genügend warmem Wasser daraus den Teig bereiten und gut durchkneten. In einem Gefäß mit Frischhaltefolie bedeckt an einem warmen Ort ruhen lassen, bis er auf das Doppelte aufgegangen ist. Dann den Teig in zwölf Stücke teilen und sie mit der Hand zu glatten Kugeln formen und noch einmal abgedeckt an einem warmen Platz gehen lassen.

Die Backröhre auf 200°C (Gas Stufe 6) vorheizen. Erhitzt werden auch ein Backblech und eine umgedrehte Kasserolle, ein flaches Tongefäß oder ein Metalltopf – je nachdem, was den Backziegel ersetzen soll. Das Blech mit etwas Olivenöl bestreichen, die Kugeln in zwei Kreisen zu je sechs darauflegen und dafür sorgen, daß sie sich möglichst wenig berühren. Darüber ein Gefäß stülpen und die Semmeln 15 bis 20 Minuten lang backen, bis sie leicht goldbraun werden und hohl klingen, wenn man an ihren Boden klopft.

Speise und Trank wurden oft auf Münzen abgebildet: Diese aus Metapont in Süditalien zeigt eine Ähre.

Süße Käse-Sesambällchen

Globi *bereitet man folgendermaßen zu: Käse und Grießmehl wie oben mischen und beliebig viele Kugeln daraus machen. Fett in eine heiße Kupferpfanne geben und darin ein oder zwei gleichzeitig braten, indem man sie mit zwei Spateln häufig wendet. Wenn sie fertig sind, in Honig wälzen, mit Mohn bestreuen und servieren.*
CATO, *Über den Landbau* 79

Die Käse-Sesambällchen des Philoxenos waren so verlockend, daß ich beschloß, ein Rezept auszuarbeiten, das etwas vom Duft der Antike erahnen läßt. Als Grundlage dient das Rezept aus Catos Handbuch der Landwirtschaft, doch ist es alles andere als vollständig. „Wie oben" – diese Bemerkung scheint den Leser zurückzuverweisen auf Catos Rezept für geschichteten Käsekuchen (siehe

Wein in einen kylix *(Trinkschale) schenken symbolisiert oft Abreise oder Tod. Trinkgefäß aus Athen, gemalt von Duris um 480 v. Chr.*

Seite 94); doch in diesem Rezept sind Käse und Grießmehl getrennte Bestandteile. Man braucht eine glückliche Eingebung, um die Lücken in den Anweisungen des Römers zu füllen. Was nun folgt, ist eine Möglichkeit, die süßen Käse-Sesambällchen von Philoxenos und Cato neu zu schöpfen. Zum Fritieren benutze ich Olivenöl – wie es auch bei Römern und Griechen am ehesten in Gebrauch war.

Für etwa 15 Stück

1¼ Tassen (280 ml) Milch
2 EL (60 g) Grießmehl
3 EL (90 g) Honig
120 g Ricottakäse
85 g angeröstete Sesamsaat
Oliven- oder anderes Pflanzenöl

Die Milch zum Kochen bringen und das Grießmehl unter ständigem Rühren darüberstreuen. Kurz aufwallen, dabei aber nicht anbrennen lassen. In einen frischen Topf geben und unter gelegentlichem Umrühren leicht abkühlen lassen, bis ein fester Teig daraus geworden ist. Dann einen Eßlöffel Honig und den Ricottakäse dazugeben, gut untermischen und 60 g Sesam hineinrühren.

In einer Kasserolle Oliven- oder anderes Pflanzenöl zu einer einfachen Fritüre erhitzen. Wenn etwas Teig, den man hineintropfen läßt, wieder nach oben kommt und Farbe annimmt, ist das Öl heiß genug. Mit zwei Teelöffeln Klößchen formen: Man nimmt mit dem einen Löffel etwas von dem Teig auf, deckt den anderen Löffel darüber und wendet das Klößchen zwischen den Löffeln; so lange, bis eine glatte, eiförmige Kugel entsteht. Zwei bis drei von diesen Kugeln zusammen ins heiße Fett geben und gelegentlich hin- und herwenden, bis sie goldbraun sind. Aus dem Öl nehmen und auf Küchenpapier abtropfen lassen. Der übrige Teig wird auf dieselbe Weise zubereitet. Den restlichen Honig anwärmen; die fertigen Kugeln erst darin und dann in dem übrigen Sesam wälzen. Die Kugel schmecken heiß oder kalt ausgezeichnet.

3
Die Märkte am Mittelmeer

Die Welt rings ums Mittelmeer, in der die griechischen Städte blühten – und einander bekriegten –, war für Reisen und Handelsverbindungen mindestens so offen wie heute. Aber es war auch eine Welt verhängnisvoller politischer Umwälzungen.

Die Griechen hatten auf Sizilien, in Süditalien und an den Mittelmeerküsten im heutigen Spanien und Frankreich Städte gegründet. Die Küste Afrikas war von Phöniziern aus Syrien kolonisiert worden. Ihre neue Hauptstadt Karthago beherrschte die Seewege des Südens und stritt sich ständig mit den griechischen Herrschern in Syrakus um die Vormachtstellung in Sizilien. Phönizien selbst stellte dem persischen Großreich, das Griechenland beinahe unterworfen hätte und nicht selten hinter den Kulissen in die Kleinkriege zwischen den griechischen Städten verstrickt war, eine Mittelmeerflotte zur Verfügung. Unterdessen wuchs im Norden der Ägäis die Macht der Makedonenkönige, des listenreichen Perdikkas (gestorben 413 v.Chr.) und seiner Nachfolger.

Es dauerte fünf Monate, um von Südspanien bis ans östliche Ende des Schwarzen Meeres zu gelangen – so ziemlich die gesamte Zeit im Jahr, während derer man zur See fahren konnte. Während der Wintermonate vermied man Fahrten über weitere Entfernungen; die Gefahr, Schiffbruch zu erleiden, war schon im Sommer groß genug. Ebenso lebhaft wie von Handelsschiffen und Fischerboten wurden diese Schiffahrtsstraßen von Piraten- und Kriegsschiffen befahren. Der Handel war risikoreich und kompliziert: Fast jede Stadt hatte ihre Währung, eigene Gesetze und Marktrechte. Dennoch steckten viele Leute ihr Geld in dieses Metier, und manche wurden reich. Athen verdankte seine hohe Blüte dem Handel über die Ägäis und das Mittelmeer, trotz der Konkurrenz Spartas und der Bedrohungen aus Makedonien und Thrakien. Satirisch und doch realistisch rühmt ein Komödienfragment aus Athen den Reichtum, der übers Meer kam, geradezu hymnisch:

Sagt mir, Musen, wie viele köstliche Dinge Dionysos, der Gott, uns bringt in seinem schwarzen Schiff, wenn er das weindunkle Meer durchpflügt. Aus Kyrene Silphium und Ochsenhäute, Makrelen und alle möglichen gesalzenen Fische vom Hellespont, aus Thessalien Brei und Rindfleisch, ein Gelüstchen

Kleiner Disput unter Göttern? Herakles und Dionysos lassen sich's wohl sein. Sie werden von Satyrn bedient.

für die Spartaner vom König Sitalkes, vom König Perdikkas so manche Schiffsladung voller Lügen. Die Syrakuser schicken uns Schweine und Käse; und was die Leute von Korfu angeht, so möge sie der Meeresgott Poseidon in ihren schmierigen Schiffen verfluchen, denn sie hegen hinterhältige Gedanken! Weihrauch kommt aus Syrien; das schöne Kreta schickt uns Zypressenholz für Opferfeuer, und Afrika bietet Elfenbein zum Kauf, Rhodos hat traumhafte Rosinen und Feigen, Euböa Birnen und große Äpfel; Sklaven kommen aus Phrygien und Söldner aus Arkadien. Die Paphlagonier schicken uns Nüsse und blanke Mandeln, die jeden Festschmaus zieren würden. Phönizien versorgt uns mit Weizen und den Früchten der Dattelpalme; aus Karthago kommen Teppiche und köstliche Kissen.

Handelsgesetze und Vorschriften wurden häufig in Stein gemeißelt, damit sich bei einem Streit beide Seiten darauf berufen konnten. Eine dieser Inschriften verrät, wie die Bewohner der blühenden Insel Thasos den lokalen Weinhandel zu kontrollieren suchten: „Most und Wein, die gesamte Ernte des Weinstocks, darf nicht vor dem Neumond am Plynteria-Fest (etwa Mitte Mai) gekauft werden: Wer dagegen verstößt, soll zur Strafe einen Stater (eine griech. Gold- oder Silbermünze) für jeden Stater (den er eingenommen hat) bezahlen... Kein Schiff aus Thasos soll zwischen dem Berg Athos und Kap Pacheia fremden Wein an Land bringen, andernfalls soll es dieselbe Strafe zahlen, ... und der Loste ebenfalls..."

Natürlich wurde auch mit anderen Gütern gehandelt. Athen schuf einen weitgespannten Markt für schönbemalte Keramik. Sklaven wechselten den Besitzer; selbst Dienstleistungen wurden feilgeboten: Mancher reiste, um seinen Lebensunterhalt zu verdienen – auch Köche. Syrische Bäcker und Köche aus Sizilien waren heiß begehrt. Im Mittelpunkt des Interesses standen jedoch auf vielen Märkten Lebensmittel. Gastgeber und Köche brüsten sich in athenischen Komödien mit Fisch aus dem Hafen. Dank einem höchst ungewöhnlichen Schriftsteller der Zeit um 350 v.Chr. wissen wir noch einiges mehr über die Qualität und Vielfalt der Marktprodukte jener Zeit:

Archestratos war Sizilianer. Er „umsegelte die Welt, um seinen Hunger zu stillen und auch weit niedrigere Begierden", sagte ein römischer Gelehrter –

Unten und rechts *Kylix (Trinkschale) von einem Maler, der für Brygos arbeitete. Die Szenen spielen wohl im Etablissement einer Kurtisane: Schuhwerk und Wanderstäbe deuten darauf hin, daß die Männer Gäste sind.*

unfairerweise, denn nach seiner erhaltenen Dichtkunst zu urteilen, schrieb Archestratos nur über Speisen! Er muß ein unermüdlicher Reisender gewesen sein, wie anders hätte er all die besonderen Genüsse der über fünfzig kleinen Küstenorte zwischen Sizilien und der Schwarzmeerküste ausfindig machen können. Die meisten von ihnen kennt die Geschichtsschreibung nicht, doch was Archestratos von ihnen zu berichten weiß, klingt wahr, und manche ihrer Spezialitäten sind noch heute dieselben wie vor 2400 Jahren.

Archestratos hatte keinen Sinn für phantastische Tischgesellschaften oder ausgefallene Tafelfreuden: „An einer gastlichen Tafel sollten", so schrieb er, „nicht mehr als drei oder vier, allenfalls fünf Freunde speisen. Sonst hätte man ein Zelt voll plündernder Söldner." Beim Essen kam es ihm vor allem darauf an, daß das authentische Aroma des frischen Produkts, am rechten Ort und zur rechten Jahreszeit ausgewählt, herauszuschmecken sei und nicht mit dicken Lagen starker Gewürze verdeckt werde. Hier eines seiner typischen Rezepte:

Im Herbst, wenn die Plejaden am Horizont verschwinden, kannst du Bonito ganz nach deinen Wünschen zubereiten. Was soll ich dir die Methode genau darlegen? Du könntest gar nichts falsch machen. Aber soviel, Freund Moschos, will ich dir sagen: Am besten behandelst du den Fisch so: Nimm frische Feigenblätter und ein wenig frischen Oregano, keinen Käse, nichts Überflüssiges. Umhülle den Fisch hübsch mit den Feigenblättern, und binde sie mit einer Schnur fest; dann bedecke ihn mit heißer Asche und achte auf die Zeit; laß ihn nicht zu weich werden. Nimm den Bonito aus Byzanz, weil der besonders gut sein soll. Wenn du ihn aber irgendwo aus der Nähe bekommst, ist es auch ganz in Ordnung. Je weiter weg von den Dardanellen, desto schlechter wird er sein!

Archestratos weiß auch Rat für die Wahl des rechten Brotes zu seinen Speisevorschlägen: „Nimm eine thessalische Semmel aus gut durchmischtem und mit der Hand wohlgeknetetem Teig. In Thessalien nennen sie es ‚Krümelbrot'... Ich empfehle auch ein Produkt aus Durumweizen, das Brot aus Tegea, das unter der Asche gebacken wird. Verlockend ist ein Brotlaib, wie ihn die berühmte Stadt Athen Sterblichen auf ihrem Markt bietet; auch Brote aus den irdenen Backöfen des weinseligen Erythrai, weiß und zart duftend, sind eine Freude zum Essen."

Was aber trinkt man zum antiken Mittelmeermenü? Archestratos' Antwort auf diese Frage wäre gewiß: Wenn du keinen Vorrat an alten Weinen hast, trink den besten Tropfen, den du am Tag deines Mahles auf dem Markt kosten kannst. Schon damals gab es zu viele Weine, als daß man unter allen eine gerechte Auswahl hätte treffen können. Nur der Philosoph Demokritos (5. Jahrhundert v.Chr.) glaubte – allerdings in einer ihm untergeschobenen Schrift -, daß es möglich sei, die verschiedenen Geschmacksrichtungen aller Trauben aufzuzählen. „Er behauptete, jede Sorte in Griechenland zu kennen. Andere halten sie für unzählbar viele," sagt Plinius. Wie Aristoteles schätzte auch Archestratos den Geschmack des Weins von Lesbos besonders. Er lobte aber auch das Aroma des phönizischen Weins aus Byblos. Der hatte vielleicht manches mit dem „Wein von Helbon" gemeinsam, den die persischen Herrscher tranken und der nach dem Bericht des Propheten Ezechiel von Tyros aus exportiert wurde.

Dem Rotwein, den Archestratos getrunken haben könnte, entspräche heutzutage wohl der beachtliche Château Musar aus dem Libanon. Andererseits empfiehlt es sich, den Blick auf Sizilien zu richten. Schon sehr früh wurde es von Griechen kolonisiert, die griechische Gastlichkeit dort heimisch machten. Da ist zunächst der schwere rote Corvo, ein Tafelwein, den die Heimatinsel des Archestratos in alle Welt verkauft. Fischgerichte verlangen aber im allgemeinen nach einem weißen Wein. Auch da bietet Sizilien einen Corvo – oder man entdeckt einen leichteren sizilianischen Weißwein, etwa aus der Grecanicotraube, deren Name auf griechische Abstammung hindeutet. Wunderbare süße Weine, die nichts mit dem bekannten Marsala zu tun haben (einer Erfindung des 18. Jahrhunderts), kommen von den kleinen, Sizilien vorgelagerten Inseln. Moscato di Pantelleria und Malvasia delle Lipari tragen Namen, die sie mit dem byzantinischen Griechentum verbinden. Muscat erkor sich so mancher mittelalterliche Reisende in Konstantinopel zum Lieblingswein. Malvasia ist nach dem Handelshafen Monemvasia auf dem Peloponnes benannt.

Brasse in Käse und Öl

Gebratene Brasse von der Küste Karthagos: Die mußt du zunächst gut wässern. Du wirst allerdings auch in Byzanz eine wohlschmeckende große Brasse vom Umfang eines Rundschilds finden. Verfahre damit folgendermaßen: Wenn du sie rings mit Käse und Öl ummantelt hast, hänge sie in einen tönernen Ofen und brate sie gut durch. Beträufle sie mit einer Mischung aus Kreuzkümmel, Salz und graugrünem Öl. Gib reichlich von dieser himmlischen Flüssigkeit hinzu.

ARCHESTRATOS 13

Für vier Personen

1 Seebrasse von etwa 1,5 kg
225 g Pecorino Romano-Käse
3 EL Olivenöl
1 TL Salz
1 TL gemahlener Kreuzkümmel

Diese und alle weiteren Vignetten stammen von einem Mosaik aus Toragnola in Italien.

Von dem gesäuberten und sorgfältig geschuppten Fisch Kopf und Flossen abschneiden. Den Käse zerbröckeln und mit dem Öl in einer Küchenmaschine oder in einem Mörser zu einem geschmeidigen Teig verarbeiten. Ein Backblech mit Olivenöl einpinseln oder mit Backpapier auskleiden und den Fisch darauflegen. Mit der Hälfte der Käsemischung beide Seiten des Fisches bestreichen und darauf achten, daß er ganz und gar mit Käse bedeckt ist. Die Backröhre auf 220°C (Gas Stufe 7) vorheizen und den Fisch zehn Minuten lang braten; nach vorsichtigem Wenden noch einmal zehn bis fünfzehn Minuten von der anderen Seite. Salz und Kreuzkümmel gut gemischt auf die Kruste streuen und zum Schluß einen Eßlöffel Olivenöl über den Fisch träufeln.

Eine köstliche Verbindung: Der pikante Schafskäse und der zarte Geschmack der Brasse verschmelzen aufs schönste. Schwierigkeiten ergeben sich jedoch, wenn man das Verfahren des Archestratos einfach übernimmt. Es ist unmöglich, die sehr hohen Temperaturen eines Backofens aus Ton in der heutigen Küche zu erzeugen. Andererseits läßt sich das Gericht ohne solche Hitze nicht einwandfrei nachkochen. Bei den höchsten Temperaturen in einem modernen Backofen schmilzt der Käse und fließt herunter. Nach mancherlei Versuchen mit verschiedenen Käsesorten entschied ich mich für Pecorino Romano, der in seiner Beschaffenheit dem Parmesan ähnelt und unter Hitze am wenigsten leidet. Laut Archestratos muß sich der Käse als Kruste um den Fisch festigen und die Säfte zusammenhalten. Es gelingt annähernd, wenn man den Fisch auf herkömmliche Weise brät.

Archestratos empfielt besonders den Sparos, eine scheibenförmige Brassenart von relativ geringer Größe. Griechen und Römer kannten gewiß über ein Dutzend verschiedener Arten dieser Fische von unterschiedlicher Größe. Für das beschriebene Gericht eignen sich größere Brassen am besten; aber sie sind schwer zu bekommen, und auch die kleineren lassen sich sehr gut verwenden.

Seeaal in Maulbeersoße

Ein großer Seeaal war zur Stelle: Ich briet die Mittelstücke, den Rest will ich pochieren und eine Maulbeersoße dazu machen.
Sotades Comicus, *zitiert bei* ATHENAIOS 293 a-d

Der Fisch, von dem hier die Rede ist, hat viele Namen: zarter oder grobe Hundsfisch, Hundshai, Seelachs und Seeaal. Unter diesen oder anderen Namen ist er beim Fischhändler zu haben. Es handelt sich nicht wirklich um Lachs oder Aal, sondern um einen Verwandten des Hai, wenn auch kleiner und nicht so gefährlich! Seine Beute sind Krabben oder Hummer. Sein Fleisch ist rosig, fest und von delikatem Geschmack.

Angeregt durch die Maulbeersoße aus der Komödie, habe ich selbst aus verschiedenen griechischen und römischen Texten für Soßen zu Fisch ein Rezept entwickelt. Maulbeeren sind die Früchte eines Baums und sehen Brombeeren ähnlich. Sie haben nur kurze Zeit Saison, im Handel bekommt man sie kaum. Ich selbst nehme daher Brombeeren: Sie sind als Ersatz ohne weiteres verwendbar.

Für vier Personen

225 g Maulbeeren (wenn verfügbar) oder Brombeeren
2/3 Tasse (150 ml) Rotwein
4 Seeaal-Steaks
2/3 Tasse (150 ml) Weißwein
ein Bouquet aus Oregano und Weinraute
2 EL (60 g) Honig
2 EL (30 ml) Fischsoße
1 EL (15 ml) Essig
3 Tropfen Asa foetida-Tinktur oder 2/3 TL Asa foetida-Pulver
eine Prise Maismehl

Fischer mit seiner Ausbeute an Makrelen oder Motellen. Wandgemälde aus Akrotiri. Die Stadt wurde beim Ausbruch des Thera, Santorin, zwischen 1530-1500 v.Chr. zerstört.

Die Früchte waschen und zusammen mit dem Rotwein in einer Kasserolle erhitzen. Die Fischsteaks zusammen mit dem Bouquet im Weißwein pochieren, wieder herausnehmen und warm halten. Den Weißwein und das Bouquet inzwischen zu den Früchten geben und das Ganze 10 bis 15 Minuten kochen lassen. Honig, Fischsoße, Essig und Asa foetida hinzufügen. Die Soße durch ein Sieb streichen, daß nur die Kerne hängen bleiben. Schließlich die Soße wieder erhitzen und mit etwas Maismehl sämig binden. Den Fisch mit etwas Soße übergossen servieren.

Platte aus dem römischen Nordafrika, 3. Jahrhundert n. Chr. Szene auf hoher See. In der Mitte mühen sich zwei Fischer, ihren Fang einzuholen.

Fisch in Korianderkruste

Bereite den Fisch sorgfältig vor, gib Salz und Koriander in einen Mörser; zerstoße die Mischung und wälze dann den Fisch darin. Lege ihn in eine Pfanne, decke ihn zu und brate ihn im Brotbackofen. Wenn er fertig ist, nimm ihn heraus, würze ihn mit sehr scharfem Essig und serviere ihn.
Apicius 10, 1, 4

Für zwei Personen

6 TL (30 g) Korianderkörner
1 TL Salz
2 Filets vom Kabeljau, vom Schellfisch oder von der Scholle
Weißweinessig

Die Korianderkörner in einer Bratpfanne im vorgeheizten Backofen bei 190°C (Gas Stufe 5) 10 Minuten rösten. Etwas abkühlen lassen und dann mit dem Salz in einem Mörser fein zerstoßen. Den Fisch mit Küchenpapier trockentupfen, die Gräten entfernen. Die Filets in der Gewürzmischung wie in Paniermehl wälzen. In eine mit Öl ausgestrichene Kasserolle legen und zudeckt in der Bratröhre 20 bis 25 Minuten schmoren lassen. Anschließend mit gutem Weißweinessig besprengt sofort servieren.

Dieses alte Gegenstück zu paniertem Fisch ist bemerkenswert gut, und das Verfahren eignet sich für viele Arten von Weißfisch. Nicht vergessen – wie es mir einmal passiert ist –, vor dem Servieren den Essig darüberzugeben, denn ohne diese letzte Zutat bleibt das Gericht trocken und nahezu ungenießbar.

Handelsschiff oder Trireme (Kriegsschiff) auf einem athenischen Trinkgefäß um 500 v.Chr.

Salzfleischeintopf

Salzfleisch oder Scheiben vom Räucherschinken. Das gesalzene Fleisch wird zunächst nur für sich gekocht, um den Salzgeschmack zu reduzieren. Dann kommt alles in eine Kasserolle: vier Teile Wein, zwei Teile Most, ein Teil Essig, Korianderkörner, Thymian, Anis, Fenchel – alles geröstet und gleich zu Beginn hineingegeben. Kochen lassen. Wenn das Gericht halb gar ist, Honig und Kreuzkümmel dazugeben (manche nehmen noch Pfeffer) und beim Umfüllen des Eintopfs in eine vorgewärmte Schüssel einige warme Brotwürfel hinzufügen.

Oxyrhynchos-Kochbuch (siehe auch Seite 73)

Für vier Personen

500 g Räucherschinken
2 1/2 Tassen (600 ml) Weißwein
1 1/4 Tassen (150 ml) weißen Traubensaft
2/3 Tasse (150 ml) Weißweinessig
2 TL Korianderkörner
1 TL Aniskörner
1 TL Fenchelsamen
6 kleine Thymianstengel
1 TL gemahlener Kreuzkümmel
1 EL Honig
1/2 TL grob gemahlener schwarzer Pfeffer
2 dicke Scheiben grobes Vollkornbrot

Das Fleisch in kleine Stücke schneiden und in einer Pfanne mit Wasser bedeckt aufkochen lassen. Das Wasser abgießen, Wein, Traubensaft und Essig über das Fleisch gießen und wieder erhitzen. Die trockenen Gewürze zusammen mit den Thymianstengeln auf einem Backblech 10 Minuten lang bei 200°C in der Röhre rösten. Die Blätter von den Thymianstengeln ziehen und zusammen mit den Gewürzkörnern in einem Mörser zerstoßen, in den Fleischeintopf geben und 45 Minuten lang weiterkochen lassen. Gegen Ende der Kochzeit den Kreuzkümmel und den Honig dazugeben. Inzwischen das Brot in Stücke schneiden und fünf Minuten lang im Backofen etwas dörren. Zum Schluß das Brot in den Fleischeintopf geben: Es wird sich vollsaugen und die Soße eindicken.

Das ist ein einfaches, aber leckeres Fleischgericht, ein Bauernschmaus, allerdings mit mehr Gewürzen als die meisten Bauern zur Verfügung hatten. Es ist in einem griechischen Papyrus aus Ägypten überliefert, könnte aber ebensogut auch ein römisches Essen sein. Die Zutaten erinnern jedenfalls an Soßen, die man im *Apicius* findet.

Kleine griechische Statue aus dem 5. Jahrhundert v.Chr. Der Trinker ist ein Satyr aus dem Gefolge des Weingottes Dionysos.

Nicht um des Geschmackes willen wurde das Schweinefleisch eingesalzen. Das war vielmehr die wirtschaftlichste Methode, es für den Winter zu konservieren. Überschüssiges Salz beseitigte man, indem man das Fleisch zunächst kochte, wie in unserem Rezept beschrieben. Pökelfleisch hing früher in den Häusern oft über dem Herd.

Die meisten genannten Gewürze sind Samenkörner, und auch uns ist es durchaus vertraut, daß man sie vor dem Verzehr röstet. Doch warum röstet man auch den Thymian? Ganz einfach: Die grünen Blätter lassen sich so leichter vom Stengel zupfen.

Delische Süßigkeiten

Auf der Insel der Hekate opfern die Leute von Delos der Iris, der Göttin der Morgendämmerung, etwas, das sie „Basyniai" nennen. Es ist eine gekochte Teigkugel aus Weizenmehl mit Honig und sogenanntem Kokkoa (eine Feige und drei Walnüsse).
ATHENAIOS 645 b

Und noch etwas Süßes: Nimm Durumweizenmehl und koche es in Wasser, so daß es einen festen Teig gibt, den man auf eine Platte breitet. Wenn er kalt ist, schneide ihn in kleine Stückchen und brate sie in bestem Öl. Nimm sie heraus, gieße Honig darüber, bestreue sie mit Pfeffer und trage sie dann auf.
Apicius 7, 11, 6

Das erste Rezept ist nur skizzenhaft und daher schwer zu interpretieren. Sind die getrocknete Feige und die drei Nüsse nur als Zutaten zu verstehen oder waren sie ein besonderes Opfer an die Göttin? Ich glaube, daß es sich nicht um Zutaten zu dem *Basyniai* handelte, und so opfere ich sie meinen Gästen, dem Text getreulich folgend, neben meinen Süßigkeiten aus Delos. Wie aber wurden diese Süßigkeiten selbst hergestellt? Das griechische Wort, das wir mit „gekocht" übersetzt haben, könnte ebensogut „gebraten" heißen. Das Rezept aus dem *Apicius* läßt eine denkbare Methode sichtbar werden.

Für etwa fünfzehn Personen

3/4 Tasse (170 ml) Wasser
1/2 Tasse (60 g) Mehl
Olivenöl zum Braten
2 EL (30 g) Honig
Mohnsamen oder frischgemahlener schwarzer Pfeffer

Das Wasser zum Kochen bringen, das gesiebte Mehl dazugeben und kräftig schlagen. Noch ein paar Minuten weiterkochen lassen, ehe man die Masse auf eine große Platte (soweit vorhanden, eine Marmorplatte) breitet. Vollkommen abkühlen lassen. Das Olivenöl in einer Bratpfanne erhitzen. Den festen, aber noch etwas zähen Teig in Würfel schneiden. Das Öl mit einem kleinen Stückchen Teig auf seine Temperatur prüfen: Wenn der Teig aufsteigt und Farbe bekommt, ist es heiß genug. Zwei bis drei Würfelchen nun gleichzeitig im Öl drei bis vier Minuten lang ausbacken, bis sie goldbraun sind. Auf Küchenpapier legen und, solange sie noch warm sind, mit Honig beträufeln und mit Mohn oder frischgemahlenem Pfeffer bestreuen.

Pfeffer war als Gewürz für Süßigkeiten einst sehr verbreitet. Er paßt erstaunlich gut zu Honig. Bei uns hat die Muskatnuß den Pfeffer in Süßspeisen ersetzt. Sie war aber den Griechen und Römern der Antike praktisch unbekannt.

Frauen füllen ihre Wasserkrüge. Athenisches Trinkgefäß um 400 v.Chr.

4
Ein Hochzeitsfest in Makedonien

Alexander der Große, dessen Eroberungen im Osten Makedonien neuen Reichtum und der griechischen Welt neue Tafelfreuden brachten.

Dank dem politischen Geschick und der Entschlossenheit von König Philipp (etwa 382-336 v.Chr.) und dem unbändigen Ehrgeiz und der Energie seines Sohnes, Alexanders des Großen, entwickelte sich Makedonien in zwei Generationen von einem rückständigen Königreich am Nordrand der griechischen Welt zu einem Imperium.

Alexander, der im Jahr 323 v.Chr. überraschend in seinem Palast in Babylon starb, hat den Lauf der Geschichte geändert. Aus dem einst monolithischen Perserreich waren nach Alexander eine ganze Reihe makedonischer und griechischer Reiche geworden, die sich bis nach Afghanistan und ins Tal des Indus erstreckten. In Ägypten wurden unter einer makedonischen Dynastie die Werke der ältesten griechischen Literatur systematisch gesammelt, kontinuierlich und ernsthaft erforscht und so den Römern und dem späteren Europa überliefert. In dem von Griechen beherrschten nördlichen Indien sollten die *Gespräche des Königs Menander* mit dem Philosphen Nagasena (2. Jahrhundert v.Chr.) zur Entwicklung der Philosophie des Buddhismus beitragen. Außerdem beeinflußten die griechische Sprache und die Kunst und Literatur des „Hellenismus" in den neuen Königreichen den späteren Nahen Osten und die sich entwickelnde Kultur der Römer. Das Griechische wurde die Sprache des Neuen Testaments, die erste Sprache der neuen christlichen Religion. Griechenland selbst brachten Alexanders Eroberungszüge unermeßliche Reichtümer, neue Ideen – und neue Tafelfreuden. Aristoteles, der Lehrer Alexanders, hatte den König angeregt, Botaniker und andere Naturwissenschaftler auf seine Feldzüge mitzunehmen. Das Ergebnis, die Entdeckung neuer Pflanzen, darunter Obst und Gemüse, ist in der *Geschichte der Pflanzen* dargestellt; ein Werk des Naturwissenschaftlers Theophrastos von Eresos. Griechen, die sich in Syrien und Ägypten ansiedelten, experimentierten mit neuen Varianten ihrer Lieblingsgemüse. Die Kochkunst des Orients war in reichen Haushalten zunehmend gefragt; gleichzeitig breiteten sich griechische Küchentraditionen weiter nach Osten aus.

Von dieser Vermischung griechischer, makedonischer und nahöstlicher Eßkultur nach Alexanders Tod können wir uns durch eine ungewöhnliche Erzählung aus der Zeit um 300 v.Chr. ein Bild machen. Die Geschichte führt uns

Südiatlienische Vasenmalerei, 4. Jahrhundert v. Chr. Eine junge Akrobatin balanciert auf einem rotierenden Rad, das ein Komiker antreibt.

in einen aristokratischen Haushalt in Makedonien, und zwar als Gäste eines Hochzeitsfestes. Hippolochos, ein Mann aus Athen, war unter den Geladenen: Sein Brief an Lynkeus von Samos, in dem er die Festlichkeiten beschreibt, hat sich in den *Deipnosophisten* des Athenaios erhalten. Hippolochos und Lynkeus waren beide zufällig Schüler des Theophrastos.

„Zwanzig war die Zahl der geladenen Männer", berichtet Athenaios. Wir müssen annehmen, daß die Frauen selbst bei einem Hochzeitsfest für sich alleine feierten! Jeder Gast erhielt bei seiner Ankunft ein silbernes Trinkgefäß, das er, wenn er den Wein daraus getrunken hatte, behalten sollte. Dann reichte man auf Bronzeplatten flache Brote, auf die die Gäste das Fleisch von Hühnchen, Enten und Tauben häufen konnten. Auf silbernen Platten kam der zweite Gang mit Gänsen, Hasen und Zicklein; beim dritten gab es Wildtauben, Haustauben und Rebhühner.

Ein Hochzeitszug in Athen, dargestellt auf einem Parfumgefäß, das vielleicht eines der Geschenke war. Vom „Marlay-Maler" um 440 v.Chr.

Wir gaben auch den Sklaven etwas von diesem Gang [zitiert Athenaios Hippolochos]; und als wir genug gegessen hatten, wuschen wir uns die Hände. Man brachte eine Fülle von Kränzen aus Blumen aller Art herein und goldene Reifen für alle.

Wir waren schon längst nicht mehr nüchtern, als Flötenspielerinnen, Sängerinnen und eine Gruppe von Harfenspielerinnen aus Rhodos hereineilten. Ich meine, sie wären nackt gewesen, manche behaupten jedoch, sie hätten Tuniken getragen. Sie führten ihre Künste vor und verschwanden wieder. Dann drängte eine größere Mädchenschar herein; sie alle trugen in jeder Hand eine Flasche mit Duftwasser, das sie uns anboten, eine aus Silber, die andere aus Gold und miteinander verbunden durch ein goldenes Band.

Was dann aufgetragen wurde, ähnelte eher einem Schatz als einer Mahlzeit! Es war eine silberne Platte (mit einem breiten goldenen Rand), groß genug für ein ganzes Ferkel von beachtlicher Größe. Auf dem Rücken liegend bot es all die Köstlichkeiten dar, mit denen sein Leib gefüllt war. Darinnen waren gebratene Drosseln und Feigendrosseln, von Eidotter übergossen. Als nächster Gang wurde je eine Platte geröstete Austern und andere Muscheln serviert. Dann tranken wir eine Runde, und jeder erhielt ein geschmortes Zicklein auf einer Silberplatte mit goldenen Löffeln.

Endlich trug man den Nachtisch herein, Früchte und Nüsse in Elfenbeinkörbchen, dazu alle Arten von feinem Gebäck aus Kreta und aus Samos – dein heimisches Gebäck mein lieber Lynkeus – und welches aus Attika und jedes in einem passenden Gefäß.

Das Festessen, das Karanos, der Bräutigam, für seine Freunde zusammengestellt hatte, unterschied sich gründlich von allem, was man in früheren Zeiten in Griechenland gesehen hätte: Die Menge an Speisen waren ungeheuerlich, und doch wurde nichts fortgeworfen. Die Festessen in Makedonien ermöglichten es den Gästen, ihren Sklaven und Dienern gegenüber großzügig zu sein. Sie bekamen

Dionysos, der Weingott, in Begleitung eines Flöte spielenden Satyrs und einer tanzenden Mänade.

sogar Körbe, um die Reste mit nach Hause zu nehmen. Alle Platten und sonstiges Geschirr überließ man ebenfalls den Gästen. Mit großzügigem Schenken hatten die makedonischen Könige ihre Stellung gefestigt und ihre diplomatischen Beziehungen gefördert. Es war der Landesbrauch, wenn auch einer, der mit den immensen Reichtümern, die die Makedonen seit Alexander im Osten gewonnen hatten, zweifellos eine inflationäre Entwicklung nahm.

Die folgenden Rezepte haben alle mehr oder weniger mit den Makedonen und ihren Eroberungen zu tun. Eines stammt aus einem griechischen Kochbuch, von dem man Fragmente unter den Papyri von Oxyrhynchos in Ägypten gefunden hat, wo eine Menge verloren geglaubte griechische Literatur wieder zum Vorschein kam. Das geschmorte Zicklein aus dem von Hippolochos beschriebenen Mahl haben wir durch einen Hasenbraten ersetzt, eine Köstlichkeit für eine kleinere Tischgesellschaft und ein Luxus im alten Griechenland. Unter den wenigen erhaltenen Rezepten für die Kuchen und Pasteten der alten Griechen ist auch eines aus Kreta – Hippolochos erwähnt ausdrücklich Ge-

Jäger und Hund nach erfolgreicher Jagd. In Athen war der Hase die übliche Beute.

bäck von dort – und eines aus Alexandria, der neuen griechischen Hauptstadt Ägyptens, die bis heute den Namen ihres Gründers Alexander trägt.

Nach dem Fest des Karanos zu urteilen, bezogen die Makedonen ihren Wein aus der näheren Umgebung: Er ließ Wein aus Mende vom makedonischen Festland und von der benachbarten Insel Thasos auftischen. Man trank gewaltig. Der Hof Alexanders hatte einen üblen Ruf wegen der Streitereien im Rausch, die manchmal tödlich endeten. Alexander selbst, so hieß es, habe seinen Tod durch übermäßigen Weingenuß herbeigeführt.

Einer der bekanntesten Weine des heutigen Griechenland kommt aus Makedonien: Der trockene Rote von Naoussa, aus dem Bergland im Westen. Es gibt auch einen roten und weißen Côtes de Meliton von einem Weingut südlich des alten Torone. Diese Weine können zwar keine alte Tradition beanspruchen, aber Karanos und seine Gäste hätte das nicht gestört.

Hasenbraten

Den Hasen zunächst in Wasser kurz abbrühen und in eine Pfanne legen. Er wird in Öl im Ofen gebraten. Wenn er beinahe fertig ist, noch mehr Öl dazugeben und eine Soße aus folgenden Zutaten bereiten: Zerstoßener Pfeffer, Bohnenkraut, Zwiebel, Weinraute, Selleriesamen, Fischsoße, Silphium, Wein und etwas Öl. Den Braten ein paarmal wenden und in dieser Soße fertigkochen lassen.

Apicius 8, 8, 1

Für vier Personen

1 Hasenrücken
Salz
1 TL gemahlener schwarzer Pfeffer
Olivenöl
2 kleine Zwiebeln
2 TL frisches Liebstöckel- oder Selleriegrün
1 TL getrocknetes Bohnenkraut
2 TL kleingeschnittene frische oder getrocknete Weinraute
1 TL Selleriesamen
1/2 TL Asa foetida-Pulver oder 3 Tropfen Asa foetida-Tinktur
1 1/4 Tassen (280 ml) Rotwein
2 EL (30 ml) Fischsoße

Wasser in einer großen Kasserolle zum Kochen bringen, den Hasen kurz hineinlegen oder überbrühen. Das Fleisch auf ein Bratblech legen, kräftig mit Salz und Pfeffer würzen und mit reichlich Olivenöl übergießen. Die Bratröhre auf 190°C (Gas Stufe 5) erhitzen und den Rücken im ganzen 1 1/2 Stunden braten.

Inzwischen die Soße bereiten. Dazu die Zwiebeln kleinschneiden und mit den anderen Gewürzen und dem Wein, der Fischsoße und 2 Eßlöffeln (15 ml) Olivenöl mischen. Den Hasen nach einer Stunde aus der Röhre nehmen und die Soße darübergeben. Dann den Braten eine weitere halbe Stunde in den Ofen stellen und immer wieder Soße dazugeben. Das fertige Fleisch herausnehmen und warmhalten. Die Soße in einen Topf geben und ein wenig einkochen lassen. Das Fleisch aufschneiden und mit etwas Soße servieren.

Hasen gibt es heutzutage in jeder Wildhandlung, auch Kaninchen eignen sich als Ersatz. Ein ganzer Hase reicht für sechs Personen. Normalerweise wird er nicht in Teilen verkauft. Der Rücken ist das beste Stück, und ihn sollte man für dieses Rezept verwenden. Bitten Sie Ihren Händler, das Tier zu häuten und zu zerlegen. Die Schlegel hebt man für eine andere Mahlzeit auf. Hasenfleisch ist recht blutig. Daher ist das Abbrühen in kochendem Wasser sehr nützlich, um das Fleisch vor dem Braten zu säubern.

Das vorgestellte Rezept aus dem *Apicius* wird wohl bei den meisten Lesern größeren Anklang finden. Wer es sich mit der Zubereitung aber einfacher machen will, kann sich auch nach den Angaben bei Archestratos richten: „Es gibt viele Möglichkeiten und Regeln, einen Hasen zu braten. Am besten ist es, man bringt das gebratene Fleisch herein und setzt es allen vor, während sie noch trinken: Heiß, einfach mit Salz bestreut, vom Bratspieß genommen, so lange es noch nicht ganz durchgebraten ist. Stör dich nicht daran, wenn noch Blut vom Fleisch heruntertropft, iß mit gutem Appetit. Alle anderen Rezepte sind für mich ohne Bedeutung, klebrige Soßen, zu viel Käse, zu viel Öl, als brate einer eine Katze."

Leber nach Oxyrhynchos-Art

Schneide gute Leber, mariniere sie in Öl mit Salz, Koriander, Thymian, Silphium, Opos (Saft vom Feigenbaum) und Essig. Brate sie am Spieß bei hoher Temperatur und trage dann auf.
Kochbuch aus Oxyrhynchos

Für zwei Personen

250 g Lammleber
2 EL (30 ml) Olivenöl
2 EL (30 ml) Rotweinessig
1 reichliche Handvoll kleingeschnittene, frische Korianderblätter
2 TL getrockneter Thymian
reichlich Salz und Pfeffer

Die Leber sorgfältig enthäuten und alle Sehnen und Blutgefäße entfernen. In dünne Scheiben schneiden und in den übrigen Zutaten zwei bis drei Stunden oder über Nacht marinieren. Eine Grill- oder Bratpfanne mit einer Folie auskleiden und die Leberscheiben mit etwas Marinade daraufgeben. Das Ganze bei starker Hitze 2 bis 3 Minuten auf jeder Seite braten und mit etwas Bratensaft servieren.

Gebratene Makrele

Koch: „Weißt du, wie man Roßmakrele brät?" Sklave: „Ich weiß es, wenn du's mir sagst." Koch: „Schneide die Kiemen heraus, spüle den Fisch ab und entferne ringsherum die Stacheln. Filetiere ihn sorgfältig und lege ihn ausgebreitet hin. Gib kräftig Silphium dazu und bedecke ihn mit Käse, Salz und Oregano."

Alexis 138, zitiert bei ATHENAIOS 322c-d

Für zwei Personen

2 Makrelen
1/2 TL Asa foetida-Pulver oder 3 Tropfen Asa foetida-Tinktur
2 Zweiglein frischer Oregano
225 g Chèvre-Käse
Salz

Die Köpfe der Makrelen abschneiden und die Fische säubern. Die Bäuche von oben bis unten aufschlitzen. Mit einem schweren Messer die Hauptgräte an zwei bis drei Stellen brechen und herausheben und auch möglichst viel von den kleinen Gräten entfernen. Den Fisch dann flach, mit der Innenseite nach oben, in eine gefettete Bratpfanne legen und mit dem Asa foetida-Pulver oder der Tinktur würzen. Den Oregano grob schneiden und zu dem zerbröckelten Käse geben. Die Mischung über den Fisch streuen und vorsichtig andrücken. Die Bratröhre auf eine Temperatur von 180°C (Gas Stufe 4) erhitzen und die Fische 15 bis 20 Minuten lang braten, bis sie goldbraun und knusprig sind.

Die Roßmakrele ist in Wirklichkeit gar keine Makrele; sie gehört vielmehr zur Familie der Blau- und Lotsenfische (*Carangidae*). Sie alle leben in den warmen Gewässern des Mittelmeers, doch sieht man sie nur selten bei Fischhändlern. Charakteristisch für diesen Fisch sind hervortretende Augen und besondere Seitenflossen. Ich ziehe es vor, für dieses Rezept Makrelen zu verwenden, sie sind leicht zu bekommen und schmecken sehr würzig.

Süßes Gebäck aus Alexandria

Itria: *Dünnes Konfekt aus Sesam und Honig.*
ATHENAIOS 648 d

Harpokration aus Mendes nennt den Kuchen aus Alexandria ein Pankapra. Das sind zerkrümelte Itria, mit Honig gekocht; nach dem Kochen werden daraus Kugeln geformt, die man in dünnen Papyrus wickelt, um sie zusammenzuhalten.
ATHENAIOS 648 b

Es gibt zwei Arten von Itria, die bessere heißt Ryemata (herausgetropft) und die einfachere Lagana (hauchdünne Waffel).
GALEN, *Über die Eigenarten der Speisen* 1, 4, 1

Itria: *Geschenke, Knabberwerk, Kekse.*
HESYCHIOS, *Wörterbuch*

Diese Bruchstücke aus alten Schriften führen das komplizierte Puzzle vor Augen, aus dem griechische und römische Speisen manchmal rekonstruiert werden müssen. Das Itria genannte Konfekt ist nur vage beschrieben, aber die Hinweise reichen aus, um ein Rezept daraus zu entwickeln. Es scheinen dünne, „herausgeflossene" Plätzchen aus Honig und Sesamsamen gewesen zu sein. Der Honig wurde offenbar zunächst gekocht. Aber es ist nicht ganz einfach zu erkennen, wie es dann weiterging.

Das folgende Rezept ist für eine raffinierte Art von *Itria,* die sogenannten *Gastris* gedacht. Dafür müssen Nüsse geröstet werden, bevor man sie mit dem Honig mischt. Als Grundlage für die einfacheren *Itria* habe ich die *Gastris*-Methode angewandt. In beiden Fällen wird der Honig gekocht, bis er karamellisiert und fest wird wie Toffee. Von der Kochzeit hängt die Beschaffenheit des süßen Endprodukts ab. Beide Süßigkeiten können kroß oder kaugummiweich sein. Ich habe die *Itria* mit Nüssen angereichert, da ich glaube, ohne es freilich beweisen zu können, daß die Süßigkeiten im alten Alexandria wohl ebenso variantenreich waren wie das Konfekt unserer Tage. Noch Wagemutigere können nach Belieben noch Rosinen, gehackte Datteln und Mohn dazutun.

Für ungefähr 20 Stück

1 Tasse (120 g) Sesamsaat
3/4 Tasse (85 g) gehackte Nüsse (Mandeln, Walnüsse, Haselnüsse)
3/4 Tasse (170 g) klarer Honig

Sesam und Nüsse im Backofen bei 180°C (Gas Stufe 4) rösten, bis sie etwas Farbe annehmen. Dann den Honig in einem Topf zum Kochen bringen, abschäumen und weitere sieben Minuten kochen lassen. Jetzt Nüsse und Sesamkörner in den Honig geben, solange er noch warm ist, und das Ganze gut mischen. Ein Backblech oder eine Platte einfetten und die Masse darauf ausbreiten. Abkühlen lassen, bis man es anfassen kann, und kleine Kugeln daraus formen. Zum Schluß kann man sie in hübsches kleines Papier wickeln und mit Früchten und Nüssen als Nachtisch servieren.

Die Darstellung auf dieser Trinkschale, gemalt für Brygos um 470 v.Chr., beweist: Auch die Zecher der Antike waren nicht immer trinkfest.

Honig-Nuß-Kuchen

Auf Kreta gibt es kleine Kuchen, die sie gastris nennen. Und so werden sie gemacht: Röste süße Mandeln, Haselnüsse, bittere Mandeln und Mohnsamen, ohne sie schwarz werden zu lassen, und zerstampfe sie dann gut in einem Mörser. Wenn man diese Mischung mit gekochtem Honig verknetet hat, kräftig Pfeffer dazugeben. Der Teig wird wegen der Mohnsamen dunkel. Rolle ihn flach aus. Nun zerstoße weiße Sesamkörner, gib gekochten Honig zu und ziehe dies zu zwei Fladen aus, einen für drunter und einen für obendrauf und nimm den schwarzen in die Mitte; dann schneide daraus Stücke.

Chrysippos von Tyana, zitiert bei ATHENAIOS 647 f.

Für ungefähr 15 Stück

1 Tasse (120 g) Mandelsplitter
1 Tasse (120 g) Haselnußsplitter
1 EL (30 g) bittere Mandeln
1 1/2 Tassen (170 g) Sesamsaat
7 EL (210 g) klarer Honig
je nach Geschmack bis zu 1 TL grob gemahlener schwarzer Pfeffer

Den Ofen auf 180°C (Gas Stufe 4) vorheizen; Nüsse und Mohn zusammenschütten und rösten, bis sie Farbe annehmen. Dann auch die Sesamkörner kurz rösten, abkühlen lassen und zu einer feinen Masse zerstoßen. Drei Teelöffel Honig (45 g) in eine kleine Pfanne geben, zum Kochen bringen und sieben

Szene eines Gelages auf einem Athenischen Krater (Weinmischkrug), etwa 500 v.Chr.

Minuten leicht köcheln. Den zerstoßenen Sesam unterrühren. Die Masse auf einen eingefetteten Tisch oder eine Marmorplatte legen, mit eingefetteten Händen kneten, bis sie fest, aber immer noch warm ist. Das Ganze in zwei Portionen teilen und auf dem Backofen warmhalten. Ein Backblech oder eine große Pfanne mit Olivenöl einpinseln und dann die kühlere Portion der Sesampaste auf einem dünnen Papier so ausrollen, daß es in die Backform hineinpaßt.

Alle gerösteten Nüsse zusammen mit dem Pfeffer in einer Küchenmaschine 1-2 Minuten zerkleinern, bis sich eine feine Mischung ergibt. Die restlichen vier Teelöffel Honig (60 g) ebenfalls sieben Minuten lang kochen; unter die Nußmischung rühren. Diese Masse über die noch warme Sesamschicht breiten und glattstreichen. Dann die zweite Portion der Sesampaste ausrollen und damit die Nußschicht überdecken. Das Ganze eine Stunde lang stehen lassen, damit es sich setzt, und dann unverzüglich (sonst wird es zu hart) in viereckige Stücke schneiden. Mit Früchten zum Nachtisch servieren.

Bittere Mandeln erhält man in chinesischen Supermärkten. In kleineren Mengen verleihen sie dem Rezept einen ungewöhnlichen, pikanten Beigeschmack. *Thymeli*, griechischen Bergthymianhonig gibt es in Reformhäusern, bisweilen auch in Supermärkten. Er hat ein wunderbares Aroma und verleiht den Süßigkeiten einen ganz unnachahmlichen Geschmack. Er ist allerdings ziemlich teuer.

Mehlsiebe und Vorratsbehälter aus einer Bäckerei.

5
Catos Landgut

Die griechische Literatur beginnt für uns mit zwei großen epischen Werken über Helden und ihre Abenteuer. Ganz anders die römische Literatur: Hier stehen Komödien am Anfang und ein Handbuch der Landwirtschaft.

Das erste vollständige Prosawerk aus der römischen Frühzeit, das mehr oder weniger zufällig die Zeiten überdauert hat, ist eine Sammlung von Aufzeichnungen und Ratschlägen für den Aufbau eines landwirtschaftlichen Betriebs. Die angeschnittenen Themen scheinen den Verfasser selbst beschäftigt zu haben: die Entscheidung für die richtigen Produkte, wie man daraus dauerhaft Gewinn zieht, die Organisation der Sklavenarbeit.

Jedesmal, wenn der Herr sein Landgut besucht, begrüßt er zuerst die Hausgötter. Dann sollte er, nach Möglichkeit noch am selben Tag, spätestens aber am nächsten, seinen Besitz genau in Augenschein nehmen. Sobald er sich Klarheit über den Stand der Dinge verschafft hat, weiß, welche Arbeit erledigt und was noch zu tun ist, muß er den Gutsverwalter kommen lassen... Er muß stets auf den höchsten Gewinn bedacht sein: Öl verkaufen, wenn es sich auszahlt; überschüssigen Wein und Weizen verkaufen, ebenso alte Ochsen, wenig ertragreiche Kühe und Schafe, die nichts mehr hergeben; Wolle, Häute, alte Karren, altes Werkzeug, alte und kränkliche Sklaven, einfach alles, was überflüssig ist, muß er veräußern. Der Herr muß Verkäufer sein, kein Einkäufer.

Der Leser erfährt, wann und wo ein neues Bauernhaus gebaut werden sollte und wie es für die Herstellung von Wein- und Olivenöl auszustatten ist. Außerdem findet dort, wer sich für Speisen der Antike interessiert, ein faszinierender, langer Abschnitt mit Rezepten. Es handelt sich nicht um Menüvorschläge; die muß der Leser selbst zusammenstellen. Der Text enthält Anregungen zur Aufbewahrung von Fleisch und Gemüse, für die Zubereitung von Kuchen und Süßigkeiten sowie für medizinische Getränke und besondere Arten von Wein. Das mag eine etwas kunterbunte Zusammenstellung sein, eines aber haben alle Vorschläge gemeinsam: Was hier genannt wird, kann auf dem Bauernhof selbst hergestellt und für langfristigen Gebrauch konserviert oder auf dem nächstgelegenen Markt verkauft werden. Wir gewinnen so einen einzigartigen Einblick in die wirtschaftlichen Verhältnisse auf einem römischen Landgut, lange ehe Rom Herrin der Welt wurde. Ein Beispiel: „Wie du am besten Linsen aufbe-

Trinkhorn, vergoldetes Silber, in Gestalt eines Hirsches, mit eingelegten Glasaugen. Aus dem Reich der Parther, der östlichen Nachbarn Roms im heutigen Irak und Iran.

wahrst. Löse Silphium in Essig auf, weiche die Linsen in dem Silphium-Essig ein und laß sie in der Sonne stehen. Dann reibe die Linsen mit Öl ein und laß sie trocknen; so können sie nicht verderben."

Der praktisch denkende Verfasser dieses Werks war eine der bekanntesten Gestalten der älteren römischen Geschichte. Es ist in der Tat höchst bemerkenswert, daß wir einen so genauen Einblick darin erhalten, wie ein solcher Staatsmann dachte, wenn es um seine Privatgeschäfte ging. Es handelt sich um Cato, „den Zensor", einen Mann von ganz ungewöhnlicher Voraussicht, Strenge und Vertrauen in seine eigenen Entscheidungen. Für spätere Generationen wurde er zum Inbegriff des typischen Römers. Erst ein tüchtiger Truppenkommandeur in Spanien, dann ein ebenso ausgezeichneter und redlicher Gouverneur von Sardinien, war er schließlich in Rom zum Zensor ernannt worden und hat als solcher einige angesehene Männer wegen moralischer Entgleisung aus dem römischen Senat hinausbefördert: einen, so heißt es, nur, weil er seine eigene Frau geküßt hatte, während eine andere dabeistand: ihre Tochter. Cato dünnte auch die Reihen der „Ritter" aus, Lucius Veturius entzog er den Rang, weil er zu fett geworden war, um ein Pferd zu reiten. „Wie kann so ein Fettsack dem Staate dienlich sein", meinte Cato, „wenn alles zwischen Gurgel und Genitalien nur noch Magen ist?" Er war durch und durch pragmatisch: Als Gouverneur wünschte er nicht, daß eine Schar von Lakaien um ihn war, er hielt es für eine Verschwendung von Staatseinkünften. Als Landwirt hielt er sein Olivenöl zurück, bis die Preise stiegen, und Sklaven pflegte er nur so lange zu behalten, wie sie arbeitstauglich waren.

Cato soll auch eine geradezu wütende Abneigung gegen die Kultur der Griechen gehabt haben, die damals in Rom Verbreitung fand und die römische Jugend verweichlichte. Doch was immer er von den tückischen Gefahren der griechischen Kultur halten mochte – er riet den jungen Römern, Griechisch zu lernen. Manche der von ihm vorgeschlagenen Weine sind Nachahmungen griechischer. Die Kuchen in seinem Handbuch der Landwirtschaft sind römische Varianten griechischer Feinbäckerei, sie tragen griechische Namen.

Wir wissen sehr wenig über römisches Essen zur Zeit Catos. Als Rom jedoch die Herrschaft über Italien, Sizilien, Spanien und Südfrankreich gewann, lernten die Römer sicherlich, den Luxus zu genießen, der sich ihnen in den längst etablierten griechischen Städten jener Gegenden bot. Nach dem Sieg Roms über Karthago wurden karthagische Bücher über Landwirtschaft offiziell ins Lateinische übersetzt: Einem dieser Bücher entnahm Columella sein Rezept für *passum*, jenen Rosinenwein, von dem bereits die Rede war. Infolge der

Weinlaubbekränzte Maske des Weingotts, Dionysos bei den Griechen, Bacchus bei den Römern. Verzierung am Handgriff eines griechischen oder römischen Bronzeeimers.

militärischen Erfolge Roms im Osten, strömten bald griechische Sklaven in die Stadt, darunter auch Köche; griechische Komödien eroberten in lateinischer Sprache die römischen Bühnen; griechische Lebensart und Liebeskunst erschienen auf einmal natürlicher als die ursprünglichen heimischen Bräuche. Cato steht ganz am Anfang dieser aufregenden Entwicklung. Aber schon zu seiner Zeit muß griechischer Wein im römischen Italien in Mode gewesen sein. Warum sonst hätte er zum Beispiel empfehlen sollen, Meerwasser zum Most zu geben, um den Wein von Kos zu imitieren?

Andererseits können wir aus den eindeutigen und praxisbezogenen Anweisungen für Weinanbau und -handel an anderer Stelle in Catos Handbuch darauf schließen, daß der Wein aus Italien bereits ein wesentlicher Wirtschaftsfaktor war. Zweihundert Jahre später versuchte Plinius, die Geschichte des Weinanbaus in Italien zu schreiben. In frühen Zeiten, so meint er,

> *... machte keine bestimmte Sorte von sich reden, sondern ein bestimmtes Jahr. Alle Weinsorten gaben ihr Bestes, als L. Opimius Konsul war, und zwar in dem Jahr, als der Tribun C. Gracchus das Volk zum Aufruhr anstachelte und umgebracht wurde. In diesem Jahr, dem 633. Jahr Roms, war das Wetter ideal. Diese Weine sind nun schon 200 Jahre alt, doch sind sie jetzt auf eine Substanz reduziert, die an groben Honig erinnert, offenbar der Normalzustand eines sehr alten Weines. Man kann sie auch nicht mehr trinken, nicht einmal, wenn man sie mit Wasser verdünnt: Ihre ausgezeichnete Reife von einst hat sich längst in einen bitteren Geschmack verwandelt, es ist jetzt nur noch „Medizin", in kleinsten Portionen verwendet, um andere Weine zu verbessern.*

Jenes wunderbare Jahr für den Weinanbau in Italien war das Jahr 121 v.Chr. Normalerweise hatten die Weine der Antike keine Haltbarkeit von zweihundert Jahren. Plinius selbst notiert in einem späteren Abschnitt seiner Enzyklopädie: „Keine Geldanlage bringt schnelleren Gewinn als Wein bis ins zwanzigste Jahr oder bringt schnelleren Verlust danach – es sei denn, die Preise steigen." Wein, der älter als 20 Jahre wurde, war demnach eine Seltenheit. Zu den einfachen römischen Gerichten dieses Kapitels passen junge italienische Weine.

Knoblauchkäse

Zuerst gräbt (der Bauer) mit den Fingern vorsichtig im Boden und zieht vier Knoblauchzwiebeln mit ihren dicken Blättern heraus; dann nimmt er zarte Selleriespitzen und kräftige Weinraute und die dünnen Stengelchen des zitternden Koriander. Wenn er alles beisammen hat, setzt er sich ans Feuer und schickt das Sklavenmädchen nach einem Mörser. Er besprengt eine Zwiebel mit Wasser und gibt sie in den gehöhlten Mörser. Er würzt mit Salz und gibt anschließend harten Käse dazu. Dann mischt er die Kräuter darunter. Mit dem Stößel zerkleinert er den scharfen Knoblauch. Dann zerstößt er in kreisenden Bewegungen alles zu einer Mischung. Nach und nach verlieren die Ingredienzen ihre eigene Form; aus den vielen Farben wird eine einzige, nicht ganz grün, denn das Weiß hellt es auf, nicht glänzend weiß, denn die vielen Kräuter färben es. Und weiter geht die Arbeit: Nicht mehr heftig stoßweise wie zuvor, sondern schwer mahlend zieht der Stößel nun langsam Kreise. Dann träufelt (der Bauer) ein paar Tropfen von Athenes Olivenöl hinein, gibt ein wenig scharfen Essig dazu, und bearbeitet die Mischung weiter. Schließlich streicht er mit zwei Fingern ringsherum den Mörser aus und sammelt die ganze Mischung zu einer Kugel, so als bereite er moretum (wörtl.: Mörsergericht, eine Art Salat). Unterdessen hat seine geschäftige Frau einen Brotlaib gebacken. Den nimmt er, nachdem er seine Hände abgewischt hat...

Moretum 88-120

Nichts für zarte Gemüter, dieses feurige *moretum*! mit etwa 50 Knoblauchzehen eine wirklich kräftige Mischung, aber überraschend gut mit einem frischen warmen Brot und ein paar Oliven. Der Bauer hatte harten Käse in seiner Vorratskammer, doch der fertige Knoblauchkäse wird nach der Beschreibung selbst fest genug, um eine Kugel zu bilden. Knoblauch ist recht saftig, wenn man ihn zerdrückt. Entsprechend viel Käse braucht man, um ein *moretum* herzustellen. Olivenöl und Essig mildern etwas ab, verwandeln es aber nicht in einen Brotaufstrich.

Für sechs Personen

2 Knoblauchknollen (20-25 Zehen)
225 g Pecorino Romano-Käse
1 reichliche Handvoll frische Korianderblätter
2 TL kleingeschnittene Weinraute, frisch oder getrocknet
2 gehäufte TL kleingeschnittener frischer Sellerie
1 TL Salz
1 EL (15 ml) Weißweinessig
1 EL (15 ml) Olivenöl

Den Knoblauch schälen, in grobe Würfelchen schneiden, den Käse grob reiben und die Kräuter ebenfalls grob hacken. Wenn man mit der Hand arbeitet, am besten mit dem Knoblauch und dem Salz beginnen. Wenn diese beiden-Zutaten zerdrückt sind, den Käse und die Kräuter dazugeben und alles zu einer weichen Paste verarbeiten, dann die flüssigen Zutaten hinzugießen undkräftig durchmischen. Das Ergebnis zusammenkratzen und kühl lagern. Wenn man eine Küchenmaschine benutzt, können alle festen Zutaten auf einmal zu einer sämigen Paste zerkleinert werden, zu der dann die flüssigen Zutaten hinzukommen. Mit einem knusprigen Brot als Snack auftischen.

RECHTS *Mosaik aus Pompeji. Es scheint eine Szene aus einer griechisch-römischen Komödie darzustellen, vielleicht die Titelszene aus Menanders* Synaristosai, *"Frauen beim Mahl".*

ΔΙΟΣΚΟΥΡΙΔΗΣ ΣΑΜΙΟΣ ΕΠΟΙΗΣΕ

Die Dichtung *Moretum* wird manchmal dem Vergil, dem Verfasser des römischen Nationalepos, der *Aeneis*, zugeschrieben. Das *Moretum* zeichnet das Bild eines armen Landwirts, der um sein Auskommen kämpft. Sein Daseinskampf ist im epischen Stil der Heldenfahrt eines Ritters dargestellt. Er bereitet sich sein Morgenmahl in der feuchten Kälte des Tagesanbruchs. Er müht sich, das Feuer in seiner elenden, zugigen Hütte wieder zu entzünden und aus seinem mageren Weizenertrag das Mehl für die flachen, ungesäuerten Brote seines Weibes zu mahlen.

Griechen und Römer bedienten sich eines Mörsers, um Zutaten für Soßen zu zerreiben und untereinanderzumischen. Wenn man ein Mixgerät benutzt, macht die Zubereitung nur minimale Mühe. Wenn man hingegen die Arbeit mit der Hand bewältigt, kann man noch etwas von den Plagen des römischen Bauern selbst nachempfinden: „Sooft der scharfe Geruch ihm in die weitgeöffneten Nasenflügel steigt, verwünscht der Bauer die Esserei und verzieht das Gesicht wie ein Affe. Immer wieder wischt er mit dem Handrücken über die brennenden Augen, verflucht die Dünste, die doch nichts dafür können."

Hat er Zwiebeln oder Knoblauch gehackt? Tonfigur eines Küchensklaven, der sich die tränenden Augen reibt.

Linsen

Linsen: Koch sie, und wenn sie geschäumt haben, gib Lauch und ein Blatt Koriander dazu. Durchfeuchte Korianderkörner, Poleiminze, Asa foetida-Wurzel, Minze und Weinraute mit Essig. Gib Honig hinzu und vermische alles mit Fischsoße, Essig, konzentriertem Most und Öl. Noch einmal individuell abschmecken und mit Stärkemehl binden. Gieße grünes Öl darüber, würze mit Pfeffer und trage es auf.
Apicius 5, 2, 3

Für vier Personen

225 g grüne Linsen
2 kleine Stangen Porree (nur die weißen Teile)
1 reichliche Handvoll frischer Koriander
2 TL kleingeschnittene frische Minze oder
1 1/2 TL getrocknete Minze
1 TL frische oder getrocknete Weinraute
gemahlener schwarzer Pfeffer
2 TL gemahlener Koriander
2 kräftige Prisen Asa foetida-Pulver oder
5 Tropfen Asa foetida-Tinktur
2 EL (30 ml) Rotweinessig
1 EL (30 g) Honig
3 EL (45 g) Fischsoße
1 EL (15 ml) Defrutum (eingedickter Traubensaft)
1 EL (15 ml) Olivenöl

Die Linsen über Nacht in Wasser einweichen. Am nächsten Tag in frischem Wasser gründlich abwaschen und mit Wasser knapp bedeckt in einem Topf zum Kochen bringen. Wenn nötig, den Schaum abschöpfen und weiterköcheln lassen. Unterdessen den Porree und den frischen Koriander schneiden und zu den Linsen geben. Minze, Weinraute, einen Teelöffel gemahlenen schwarzen Pfeffer, den gemahlenen Koriander und Asa foetida mischen und zusammen mit den flüssigen Zutaten dazugeben. Das Ganze weiterkochen lassen, bis die Linsen weich sind. Je nach Geschmack wie im Originalrezept eindicken. Anschließend das Gericht in eine Servierschüssel füllen und etwas Olivenöl und Pfeffer hinzufügen.

Geräucherte Würste (Lucanicae)

Zerstoße Pfeffer, Kreuzkümmel, Bohnenkraut, Weinraute, Petersilie, Kräuter, Lorbeeren und Fischsoße, und knete feingehacktes Fleisch unter die Mischung. Gib noch mehr Fischsoße hinzu, ganze Pfefferkörner, reichlich Fett und Pinienkerne. Stopfe alles dann in einen Darm, den du so dünn wie möglich auseinandergezogen hast, und hänge ihn in den Rauch.

Apicius 2, 4

Lucanicae wurden nach altem Brauch über dem Herdfeuer geräuchert. Das ist in unseren Häusern nicht mehr möglich, aber wir können den Würsten immer noch einen rauchigen Geschmack verleihen. Wer einen offenen Kamin besitzt, kann sie ein paar Stunden bei brennendem Holzfeuer vom Gesims herabhängen lassen. Es geht auch mit dem Grillgerät: Man streut Holzspäne über die Kohlen und hängt die Würste in mindestens 30 Zentimeter Abstand eine Stunde lang übers Feuer.

Für vier Personen

500 g gehackter Schweinebauch
2 EL (30 g) Pinienkerne
20 Körner schwarzer Pfeffer
1 TL gehackte frische oder getrocknete Weinraute
2 TL getrocknetes Bohnenkraut
1 gehäufter TL gemahlener Kreuzkümmel
1 TL gemahlener schwarzer Pfeffer
30 Lorbeeren (soweit erhältlich)
2 TL gehackte Petersilie
3 EL (45 ml) Fischsoße
Wursthäute

Alle Zutaten zusammentun und – soweit vorhanden, in der Küchenmaschine – mischen. Wenn man frische Wurstdärme verwendet, sind sie vermutlich mit Salz konserviert und müssen nun gut gewaschen werden. Man braucht ungefähr sechs Häute von etwa 30 Zentimeter Länge. An einem Ende jeweils zuknoten. Ein Spritzgerät zur Hälfte mit der Wurstmasse füllen – nicht mehr, sonst gibt es beim Auspressen Schwierigkeiten. Dann das offene Ende einer Wursthaut über die Tülle des Spritzgeräts ziehen, bis der größere Teil der Haut wie ein enger Kragen über der Öffnung sitzt. Mit Daumen und Zeigefinger die Wursthaut festhalten und die Füllung aus der Spritze pressen. Die letzten fünf bis sieben Zentimeter der Wursthaut ungefüllt lassen, damit sie sich zusammenziehen kann. Man braucht einige Übung, bis alles so recht gelingt. Wenn das Fleisch aufgebraucht ist, jede Wurstlänge in vier gleiche Stücke drehen. Wenn man eine Gelegenheit hat, sie zu räuchern, kann man sie zum Beispiel über einen Kleiderbügel in den Rauch hängen. Sonst werden die Stücke bei mäßiger Hitze gegrillt.

Wursthäute aus Tierdärmen sind ebenso zu kaufen wie synthetische. Man bekommt sie bei einem Metzger, der seine eigenen Würste macht. Eine raffinierte Maschine zum Füllen der Würste ist nicht nötig: Ein Spritzgerät mit einer Tülle von einem Zentimeter Durchmesser reichen völlig aus.

Kein anderes römisches Rezept hat solche Verbreitung gefunden wie dieses! Es kam mit Soldaten nach Rom, die etwa zur Zeit Catos in Lucanien, südlich von Neapel, gedient hatten. Würzige, geräucherte, gut gepfefferte Würste, deren Namen sich auf *Lucanicae* zurückführen lassen, werden auch heute noch in vielen Teilen der Erde zwischen Palästina und Brasilien gemacht. In Brasilien zum Beispiel heißen sie „linguiça". Doch auch Rezepte ändern sich mit der Zeit. Die modernen Varianten (selbst die italienischen) enthalten nur noch wenige der ursprünglichen Ingredienzen.

Laden eines Gemüsehändlers. Relief aus Ostia, dem Hafen Roms an der Tibermündung.

Selleriepüree

Gemüsepüree: Koche Sellerie in Wasser mit Soda. Laß ihn abtropfen und schneide ihn fein. Zerstoße in einem Mörser, Pfeffer, Liebstöckel, Oregano, Zwiebeln, Wein, Fischsoße und Öl. Koche das Ganze in einem Topf und mische den Sellerie unter.
Apicius 3, 15, 2

Für vier Personen

1 Sellerieknolle
1 mittelgroße Zwiebel
$^{2}/_{3}$ Tasse (150 ml) süßer Weißwein
2 EL (30 ml) Fischsoße
1 EL (15 ml) Olivenöl
2 TL frischgehackter Liebstöckel oder 1 TL Liebstöckelkörner
2 TL gehackter frischer Oregano
$^{1}/_{2}$ TL gemahlener schwarzer Pfeffer

Den Sellerie sorgfältig waschen und grob schneiden; die Zwiebel würfeln. Beides in einem Kochtopf mit Wasser weichkochen und dann gründlich abtropfen lassen. Wein, Fischsoße und Öl zusammen mit den Kräutern und dem Pfeffer ein paar Minuten sanft köcheln lassen. Den Sellerie pürieren oder durch ein Sieb streichen, in die Soße geben, zusammen erhitzen und servieren.

Dies ist eine exzellente Beilage zu vielen Fleisch- und Fischgerichten in diesem Buch und kann auch mit anderem Gemüse gemacht werden. Ich habe es erfolgreich mit Lauch, Kohl und Spinat versucht.

Käsekuchen

Libum *wird folgendermaßen bereitet: 2 Pfund Käse werden in einem Mörser gut zerstoßen; mische 1 Pfund Weizenbrothmehl oder, wenn es leichter sein soll, nur ein halbes Pfund unter den Käse. Rühre noch ein Ei darunter. Forme daraus einen Laib, lege ihn auf Blätter und backe ihn dann bei starkem Feuer unter einem Backziegel.*

CATO, *Über die Landwirtschaft* 75.

Libum bedeutet „Kuchen", aber was für einer? Bei römischen Dichtern ist oft davon die Rede, aber ihre Beschreibung entspricht nicht immer Catos Rezept. *Libum* war manchmal auch ein Opferkuchen, den man den Hausgöttern in frührömischer Zeit darbrachte; manchmal war es ein Gebäck, das man auf dem Bauernhof heiß auftrug; und manchmal handelte es sich um einen delikaten Honigkuchen, der zum Schluß einer besonders feinen römischen Speisenfolge serviert wurde. In Texten über religiöse Feste der Römer beschreibt der Dichter Ovid (43 v.Chr. – 18 n.Chr.) reizvolle Details. Er spricht von einem *Libum*, das mit klarem Honig gefüllt war, und verfolgt den Ursprung dieser Kuchen in der Mythologie weit zurück, bis hin zur Entdeckung des Honigs durch den Gott Bacchus. Vielleicht hat Cato diese Speise aus religiösen Gründen in sein Buch über die Landwirtschaft aufgenommen, um die Götter wohlgesinnt zu stimmen oder um die Erträge seines landwirtschaftlichen Anwesens zu sichern. *Libare* bedeutet schließlich „den Göttern opfern". Alle antiken Schriftsteller bringen *Libum* mit Honig in Zusammenhang – alle bis auf Cato, der als einziger ein Rezept angibt. Sein Kuchen gelingt auch ohne Honig tadellos. Es ist ein Käsekuchen von vorzüglichem Wohlgeschmack; heiß serviert findet er besonderen Anklang. Der Käse, den man verwendet, kann ruhig salzig und reif sein (ich habe Feta genommen). Das Ergebnis mit goldbrauner Kruste und weichem, saftigen Inneren ist einem heutigen Käsekuchen ganz ähnlich.

Wer findet, daß Honig dazugehören sollte, muß einen milden, ungesalzenen Käse wählen: Die Kombination aus salzigem Käse und Honig schmeckt nicht. Hier daher gleich zwei Rezepte. Die Käsekuchen, süß oder pikant, sollten unter einem *testum*, einer Tonschüssel, gebacken werden.

Süßer Käsekuchen

Für vier Personen

1 Tasse (120 g) Mehl
225 g Ricottakäse
1 geschlagenes Ei
Lorbeerblätter
1/2 Tasse (120 g) klarer Honig

Das Mehl in eine Schüssel sieben, den Käse schlagen, bis er weich ist, und mit dem Ei unter das Mehl rühren. Dann daraus einen weichen Teig machen und in vier Teile teilen. Die Teigstücke formen und auf frischen Lorbeerblättern auf ein eingefettetes Backblech legen. Den Ofen auf 220°C (Gas Stufe 7) erhitzen, die Kuchen mit der Tonschüssel abdecken und 35 bis 40 Minuten backen, bis sie goldbraun sind. Den Honig anwärmen, die warmen Kuchen hineinlegen, so daß sie den Honig aufsaugen können. Vor dem Servieren 30 Minuten abkühlen lassen.

Pikanter Käsekuchen

Für vier Personen

500 g Fetakäse
1 Tasse (120 g) Mehl
1 Ei
2-3 Lorbeerblätter

Am besten geht es mit der Küchenmaschine; den Feta zerbröckeln und für 30 Sekunden hineingeben, bis die Mischung sämig ist. Dann das gesiebte Mehl und das Ei hinzufügen und alles zusammen in der Maschine zu einem weichen Teig verrühren. Aus dem Teig einen flachen Ring formen und erhitzen, so daß man den Kuchen in sechs gleiche Teile teilen kann. Den Ofen auf 220°C (Gas Stufe 7) erhitzen. Zwei bis drei frische Lorbeerblätter unter den Teig legen, ihn mit der Tonschüssel abdecken und 45 bis 50 Minuten lang backen. Der Kuchen eignet sich als Beilage zum ersten Gang oder als ein pikanter Gang.

Käseschichttorte

Placenta *wird folgendermaßen zubereitet: 2 Pfund Brotweizenmehl für den Boden; 4 Pfund Mehl und 2 Pfund Grießmehl für die Schichten. Rühre den Grieß in Wasser. Wenn er richtig weich ist, gib ihn gut abgetropft in einen Mörser. Knete ihn mit den Händen gut durch und gib nach und nach 4 Pfund Mehl dazu. Mache Fladen aus dem Teig und trockne sie in einem Korb. Wenn du die einzelnen Fladen machst, drücke sie mit einem ölgetränkten Tuch platt, runde und befeuchte sie. Wenn sie wieder trocken sind, entfache ein starkes Feuer und erhitze den Backziegel. Jetzt feuchte die 2 Pfund Mehl an, knete sie und bereite daraus eine dünne Schicht. Lege 7 Pfund frischen, nicht zu scharfen Schafskäse in Wasser. Laß ihn sich gut mit Wasser vollsaugen, das du unterdessen dreimal wechselst. Dann nimm ihn heraus und drücke ihn aus, ehe du ihn in einen Mörser gibst. Den trockengepreßten Käse knete mit den Händen so fein wie möglich. Nimm dann ein sauberes Mehlsieb und drücke den Käse hindurch in den Mörser. Nun gib 41/2 Pfund guten Honig dazu und vermische ihn gründlich mit dem Käse. Dann lege den Boden, mit geölten Lorbeerblättern darunter, auf einen sauberen Tisch und schichte darauf die Placenta. Lege die Teigschichten einzeln auf den Boden, und bestreiche sie eine nach der anderen mit der Honig-Käse-Mischung aus dem Mörser, sodaß am Ende Käse und Honig gänzlich verbraucht sind. Obendrauf kommt noch einmal eine Schicht Teig. Dann ziehe die Ränder des Bodens hoch. Das Feuer hast du freilich vorher schon angefacht. Lege die Placenta mit dem heißen Backziegel bedeckt darauf und häufe heiße Kohlen rings herum und oben drauf. Achte darauf, daß das Ganze gut und langsam durchgebacken wird. Öffne den Ofen zwei- oder dreimal zur Kontrolle. Wenn er fertig ist, nimm den Kuchen heraus und umkleide ihn mit Honig.*

CATO, *Über den Landbau* 76

Trinkgefäß aus Athen, in Form eines Widderkopfes. Auf seinem Hals sind Zecher dargestellt. „Syriskos-Maler" um 480 v.Chr.

Der Name dieses bemerkenswerten Kuchens aus Catos Handbuch ist griechisch (und hat mit der modernen Bedeutung von Placenta nichts zu tun, die von einem Wissenschaftler des 17. Jahrhunderts eingeführt wurde). Im Griechischen bezeichnet das Wort meist einen flachen Kuchen mit einer Art Tortenboden. Ziegenkäse und Honig gehörten zu seinen typischen Zutaten. Die Mischung hat selbst in eine griechische Komödie Eingang gefunden, im Dialog zwischen einem eloquenten Gourmet und einem schlichten Esser:

„Ströme des Safts der gelbbraunen Biene, vermischt mit der geronnenen Flut aus der meckernden Ziege, dargeboten auf der flachen Schale der jungfräulichen Tochter des Zeus, bieten gar köstliche zehntausend Hochgenüsse – oder soll ich einfach sagen: Kuchen?" „Ich bin für Kuchen."

Römische *Placenta* war, wie *Libum* nicht nur ein Leckerbissen für Menschen, sondern auch Opferkuchen für die Altäre in den Tempeln. Der römische Dichter Horaz erzählt von einem Tempelsklaven, der wegrannte, weil es ihm von honigsüßer Placenta schlecht geworden war und es ihn nun nach einem einfachen Brot verlangte.

Catos *Placenta* ist ein einmaliges, besonderes und sehr kompliziertes Rezept. Mag sein, daß er bei der Abschrift etwas durcheinanderbrachte. Die Menge der Zutaten stimmt nicht immer: 2 Pfund durchtränkter Grieß werden keine 4 Pfund Mehl aufnehmen, sodaß man einen Teig für die Zwischenböden machen könnte; und der Teig für den Boden wird viel zuviel. Die Stärke der Außenwände ist schwer nachzuvollziehen: Wenn man sie nach Catos Rezept herstellte, müßten sie ziemlich dick ausfallen, oder der Kuchen wird zu groß zum Backen. Wir lassen daher Catos Mengenangaben am besten unbeachtet. Das folgende Rezept ist eine kleine, delikate Abwandlung seiner Torte.

Für sechs Personen

1/3 Tasse (60 g) Grießmehl
1 1/2 Tassen (170 g) Weizenmehl
340 g Ricotta- oder vollfetter Cremekäse
3 EL (90 g) plus 1 Tasse (225 g) klarer Honig
Lorbeerblätter

Das Grießmehl in einen Topf geben, mit Wasser gerade eben bedecken und eine Stunde lang stehen lassen. Aus einer 1/2 Tasse (120 g) Mehl und 2 Eßlöffeln kaltem Wasser einen Teig kneten und ruhen lassen. Das Grießmehl gut ausdrücken und 1/3 Tasse (60 g) Mehl untermengen. Wieder einen Teig formen und ruhen lassen. Den Käse schlagen, 3 Eßlöffel (45 g) Honig dazugeben und auf die Seite stellen. Dann den Grießteig in sechs gleiche Stücke teilen und jedes zu einem runden Fladen von etwa 20 Zentimeter Durchmesser ausrollen. Mit Hilfe einer Backform oder eines Rings die Fladen gleich groß schneiden und zum Ruhen vorsichtig auf einen leicht mit Mehl bestäubten Tisch legen. Dann den Teig aus Mehl und Wasser mit reichlich Mehl zu einem runden Fladen von etwa 45 Zentimeter Durchmesser ausrollen, wobei man zwischendurch dazu übergehen muß, den Teig mit den beiden Handrücken auseinanderzudrücken. Er sollte so dünn wie Strudelteig werden.

Jetzt kann man damit anfangen, den Kuchen aufzubauen. Eine große Backform mit Olivenöl auspinseln und drei oder vier große frische Lorbeerblätter darauflegen. Mit größter Vorsicht den großen Mehlteigboden in die Form legen und über den Rand herabhängen lassen. Darauf eine Schicht Grießteig

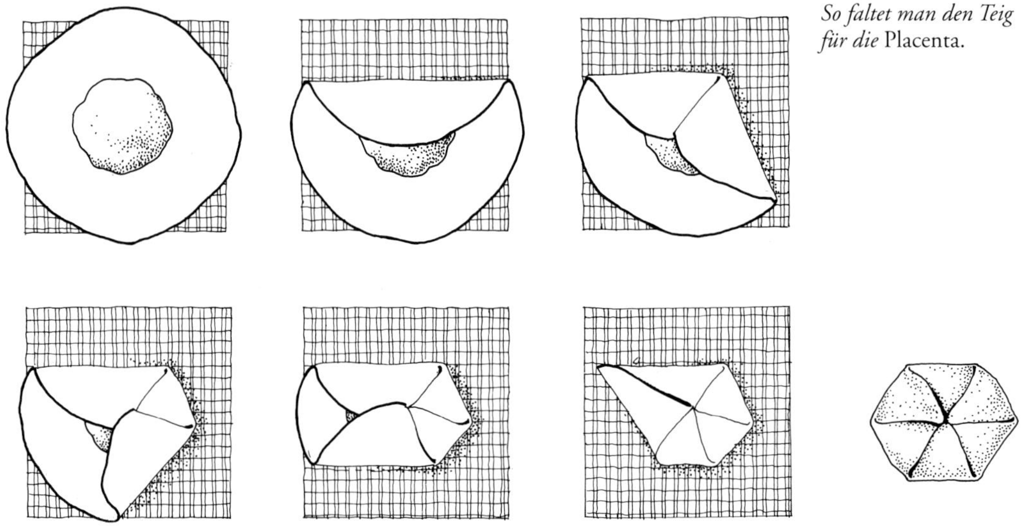

So faltet man den Teig für die Placenta.

geben und 1 Eßlöffel (15 g) von der Honigmischung über die ganze Schicht verstreichen. So fortfahren bis Honig und Käse aufgebraucht sind. Den oberen Abschluß bildet Teig. Der Boden sollte rundherum mindestens 13 Zentimeter größer sein als die Honigschichten. Nun das entfernteste Ende des Bodens aufnehmen, zu sich heranziehen und über die obere Schicht legen. Dann von rechts nach links Stück für Stück den Rand des Bodens zur Mitte hochziehen, bis die Umrandung des Kuchens ringsum eingefaltet ist. Den restlichen Honig anwärmen und den Kuchen großzügig damit bestreichen; dann mit einer Tonschüssel abdecken und im vorgeheizten Ofen bei 220°C (Gas Stufe 7) 45 bis 60 Minuten lang backen, bis er goldbraun und an den Rändern knusprig ist. Abkühlen lassen, auf eine große Platte legen und den restlichen Honig darübergießen. 30 Minuten lang durchziehen lassen. Noch warm auftragen!

6
Der Reichtum des Imperiums

Gewiß, vielen Römer erschien Cato später als altmodischer Puritaner. Mit seinem Landgut lag er aber ganz im Trend. Zu Zeiten des Imperiums sprach auch ein Römer von bescheidenerem Wohlstand gerne von seinem Bauernhof und würde wohl auf die herrlich frischen Produkte hingewiesen haben, die der Gutsverwalter und seine Frau gerade nach Rom gesandt hatten, als besondere Leckerbissen für den Herrn und seine Gäste. Der Satirendichter Juvenal (geboren 67 n.Chr.) machte diese Mode fast lächerlich:

> *Hört, was es da alles zu essen gab: Nicht das Zeug vom Markt. Ein hübsches festes Zicklein, das zarteste aus der Herde von meinem Bauernhof in Tivoli, so jung und zart, daß noch mehr Milch in seinen Adern fließt als Blut; wilder Spargel, von der Frau des Gutsverwalters gestochen, sobald sie mit Spinnen fertig war; große warme Eier, in Stroh gehüllt, und die Hühner dazu; Trauben, ein halbes Jahr verwahrt, aber immer noch so gut wie frisch; Signia- und syrische Birnen und aus den Erntekörben frisch duftende Äpfel, die mit denen von Picenum wetteifern. Keine Angst, die Kälte des Herbstes hat ihrem Saft die gefährliche Säure genommen.*

Ganz anders im klassischen Athen. Dort war man stolz auf die Produkte, die man auf dem Markt gefunden hatte, und auf das Feilschen um den Preis.

Rom, einst Landstädtchen in Mittelitalien, wurde Mittelpunkt eines Weltreichs. Traditionell von Aristokraten regiert, versank es schließlich durch den hemmungslosen Ehrgeiz Julius Caesars (100-44 v.Chr.) und anderer in Anarchie. Von der Republik zum Kaiserreich gewandelt, gewann es unter Tiberius (42 v.Chr. – 37 n.Chr.) neue Macht und Stärke. Mit den Steuern aus dem ganzen Mittelmeerraum konnten es sich die Römer leisten, Luxusgüter aus allen Teilen des Reichs und darüber hinaus zu kaufen. Die Gewürze Indiens und Indonesiens kamen übers Meer nach Rom, Gold ging dafür gen Osten. Rom wurde geradezu beängstigend reich – bewahrte sich jedoch die Fähigkeit, über sich selbst zu lachen. Juvenal war nur einer der großen Satiriker jenes ersten kaiserzeitlichen Jahrhunderts, ein anderer der Romanautor Petronius (etwa

37-68 n.Chr.), ein Freund und Höfling Neros. Sein *Satyricon* porträtierte – so scheint es – eine ganze Welt, Neureiche und arbeitsscheue Arme, Sklaven und Vortragskünstler, Prostituierte und Besitzer riesiger Landgüter. Im Mittelpunkt dessen, was von dem Text erhalten ist, steht ein verschwenderisches Festessen, das *Gastmahl des Trimalchio*, eine Verspottung von Reichtum und Dünkel im kaiserlichen Italien. Der Erzähler, Encolpius, ist ein gebildeter Landstreicher, der eine Einladung ergatterte:

> *Jetzt kamen wirklich erstklassige Hors d'oeuvres herein. Wir alle hatten es uns inzwischen auf den Liegen bequem gemacht – nur der Gastgeber fehlte noch. Trimalchio selbst sollte den Ehrenplatz einnehmen. War das der letzte Schrei? Wie dem auch sei, auf dem Tafelaufsatz stand ein korinthischer, bronzener Esel mit zwei Tragkörben auf dem Rücken – grüne Oliven in dem einen, schwarze in dem andern. Über dem Esel befanden sich zwei Schalen, auf deren Rändern zu lesen stand: „Trimalchios Eigentum" und „x Pfund Silber". Zwischen den beiden Schalen waren kleine Brücken festgelötet, auf denen honigglasierte, in Mohn gewälzte Haselmäuse saßen. Es gab auch dampfende Bratwürste auf einem silbernen Rost und unter dem Rost Damaszener-Pflaumen und Granatapfelkerne.*

Die Speisen sahen protzig aus und waren teuer, aber nicht gerade exquisit. Das *Gastmahl des Trimalchio* ist die vollständigste Beschreibung eines römischen Festessens, die wir besitzen. Glücklicherweise gibt es aber auch genug Zeugnisse, aus denen wir uns ein Bild des Alltagslebens machen können.

Wie in Griechenland besaßen auch in Rom viele Häuser einen Speiseraum, das *triclinium*. Die Liegen, jede groß genug für drei Esser, waren U-förmig um einen Tisch in ihrer Mitte gruppiert. Ein Haus, das einen entsprechend großen Garten hatte, bot wohl auch im Freien Platz für einen festlichen Schmaus unter Weinlaub und Kletterpflanzen. Da machte man es sich auf steinernen Liegen mit Polstern und Kissen bequem. Durch die vierte, offene Seite des Karrees eilten Diener hin und her.

Anders als in Griechenland aßen Frauen und Kinder mit den Männern gemeinsam. Früher, so hieß es, kauerten sie sittsam am Fußende der Liege ihres Ehemannes oder Vaters. Zur Zeit des Kaiserreichs machten sie sich's schon bequemer. Wenn sich die Gäste niederlegten, nahmen Sklaven ihnen die Sandalen ab und brachten Wasser für die Hände. Die Speisenfolge begann mit der *gustatio*, kleinen Appetithappen, gefolgt von einem süßen Aperitif. Die Vorspeisen konnten durchaus vielfältiger und teurer sein als der Hauptgang. Bei einem Mahl anläßlich einer religiösen Feier, an dem auch Caesar teilnahm, warteten sechzehn Hors d'oeuvres auf die Feiernden, von Seeigel und Muscheln bis hin zu Wildbret und wildem Eber. Zu den Hauptgerichten wurden Brot und Wein gereicht.

RECHTS *Lebhaft geht es beim Festessen zu; Wandgemälde aus Pompeji. Ein Sklave nimmt einem Gast die Sandalen ab, ein anderer reicht ihm den Becher Wein. Ein Gast, der sich bei Speis und Trank übernommen hat, wird fürsorglich hinausgeführt.*

Die Diener müssen ununterbrochen hin- und hergeeilt sein: Sie brachten neue Gerichte, wischten den Tisch und sorgten für duftende Wässerchen zur Reinigung der Finger, denn die Gäste aßen mit den Händen, gelegentlich mit Hilfe eines Messers. Musik und Tanz, von Sklaven und Sklavinnen dargeboten, mochten das Gelage begleiten, das sich häufig noch lange nach dem Mahl hinzog. Ein Tuch für jeden Gast konnte als Beutelchen dienen für die kleinen Speise- oder Weingeschenke des Gastgebers, die man mit nach Hause nahm. Wir haben darauf verzichtet, eine lange Liste von Hauptgerichten aufzuzählen – zahlreiche Beispiele sind im *Satyricon* des Petronius nachzulesen –, aber auch so mag der Eindruck entstanden sein, daß ein römisches Gastmahl eine teure Angelegenheit war. Wir schließen daher lieber mit einem Brief, in dem Plinius der Jüngere (geboren etwa 62 n.Chr., ein Neffe des Enzyklopädisten) einen Freund mit dem Menü einer Einladung hänselt, die er versäumte.

Lieber Septicius Clarus: Ich fürchte, du sagst immer zu und erscheinst dann doch nicht zum Essen. Es warteten ein Lattich für jeden, drei Schnecken, zwei Eier, Brei mit Mulsum (=Honigwein) und Schnee (ja, ich muß den Schnee hier mitzählen, der auf dem Teller schmolz), Oliven, Rote Bete, Kürbisse und Zwiebeln und tausend andere, nicht weniger begehrenswerte Dinge. Du hättest Komikern auf der Bühne lauschen können, der Lesung eines Dichters oder einem Lyraspieler oder, so großzügig bin ich, allen dreien. Du aber hast es vorgezogen, zu einem anderen zu gehen, und was hat man dir vorgesetzt? Austern, Schweinebauch, Seeigel und Tänzerinnen aus Cadiz!

Schon im frühen Kaiserreich erforderten die Weine Italiens ein ernsthaftes Studium. Namen wie Caecuber oder Falerner waren berühmt. Aber Snobismus ließ reiche Feinschmecker wie Lucullus (117-66 v.Chr.) die teuren, eingekochten süßen Weine aus Griechenland höher schätzen. Plinius schreibt:

Griechische Weine waren so geschätzt, daß ein Gastgeber bei einem Essen nur einen Becher von jedem auftragen ließ. „Als Knabe", so berichtet Varro, „hat Lucullus im Hause seines Vaters nie an einem festlichen Essen teilgenommen, bei dem mehr als ein Becher griechischen Weins aufgetragen wurde. Nach seiner Rückkehr vom Militärdienst in Kleinasien verteilte Lucullus selbst aber mehr als hunderttausend Krüge griechischen Wein als Geschenke!" Bei seinem Triumphmahl als Dikator spendierte Caesar jeder Tafel eine Amphore Falerner und ein kleineres Gefäß Chios-Wein; als er zum dritten Mal Konsul wurde, waren es Falerner, Chios-, Lesbos- und Mamertinischer Wein. Das war offenbar das erstemal, daß vier Sorten gleichzeitig geboten wurden.

„Ich biete euch echten Opimier", prahlt, wider aller Wahrscheinlichkeit, Trimalchio bei seiner Tischgesellschaft. „So was Gutes habe ich gestern nicht auftischen lassen, obwohl meine Gäste weit vornehmer waren."

Würzwein

Die Herstellung von Conditum Paradoxum. 15 Pfund Honig kommen in ein Bronzegefäß, das schon 1 Liter Wein enthält, so daß du den Wein mit einkochst, wenn du den Honig kochst. Erhitze es über einem milden Feuer aus trockenem Holz und rühre es mit einem Stock um, wenn es siedet. Sobald es überzukochen droht, kühle es mit etwas Wein ab. Das Brodeln wird nachlassen, wenn man die Hitze dämpft; und wenn es abgekühlt ist, belebe das Feuer erneut. Das muß zwei-, dreimal wiederholt werden. Dann wird die Mischung aus dem Gefäß gegossen und am nächsten Tag der Schaum abgeschöpft. Als Nächstes bereite ein Püree aus 120 g gemahlenem Pfeffer, etwa 4 g Mastixharz, einem Lorbeerblatt und Safran, 5 gerösteten Dattelkernen und dem gequollenen Dattelfruchtfleisch. Wenn alles fertig ist, gieße 9 Liter milden Wein darüber. Sollte das Endprodukt bitter geworden sein, neutralisiere es mit Holzkohle.

Apicius 1, 1

Als Aperitif kredenzten die Römer *mulsum*. Es handelte sich dabei einfach um eine Mischung aus Wein und Honig, in einem Verhältnis nach dem persönlichen Geschmack. Der Honig wurde gekocht, so daß man den Schaum abschöpfen konnte; ich meine allerdings, daß das bei unserem heutigen Honig nicht mehr nötig ist. Um *mulsum* herzustellen, gibt man $^1/_2$ Tasse (120 g) klaren Honig auf eine Flasche halbtrockenen Weißwein. Den Honig leicht anwärmen, damit er sich in dem Wein auflöst. Vor dem Servieren die Mischung abkühlen lassen.

Das Rezept aus dem *Apicius* ist allerdings etwas Feineres: *conditum*, ein Urahn eines modernen Aperitifs wie Martini. Das Rezept erscheint viel zu süß, doch die genaue Menge des Honigs geht aus den Handschriften nicht eindeutig hervor. Ein griechisches Rezept für *conditum* schlägt viel weniger vor: „Wie

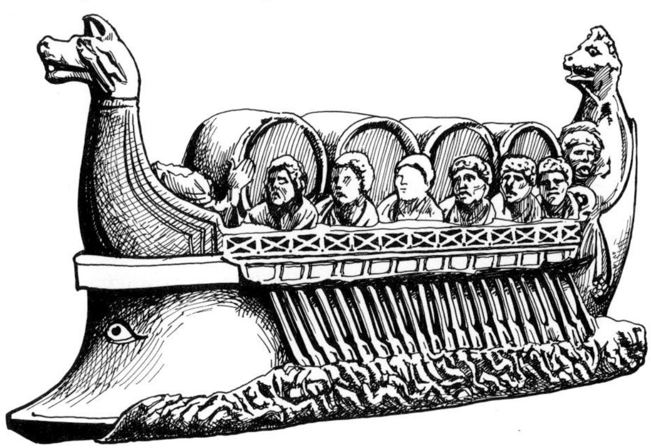

Holzfässer werden im Westen des römischen Reichs die neue Methode, Wein zu lagern und zu transportieren. Modell eines beladenen Weinschiffs, gefunden bei Neumagen im römischen Germanien.

Ausschnitt aus dem Fresko der Mysterien *in einer Villa bei Pompeji. Frauen sammeln sich um einen Tisch, die bekränzte Sklavin bringt ein Tablett (mit Kuchen?). Ungeklärt ist die Bedeutung der Szene. Der fast entrückte Blick der Frauen läßt eine religiöse Zeremonie vermuten.*

man *conditum* zubereitet: gut 10 g gereinigte, getrocknete, feingemahlene Pfefferkörner, 1/2 l Honig aus Attika, 2 bis 2 1/2 l alter Weißwein." Das mag entschuldigen, wenn ich im folgenden Rezept den Honiganteil beträchtlich reduziere. Ansonsten aber berufe ich mich auf Apicius.

Mastix ist ein Harz, das von der griechischen Insel Chios mindestens zweitausend Jahre lang exportiert wurde. Sein starker, unverwechselbarer Duft ist vielen Griechen vertraut, die dieses Harz kauen, um die Zähne sauber und den Atem frisch zu halten. Auch wird damit ein hochprozentiges Getränk wie Ouzo gewürzt, Mastikha; es ist in Griechenland weit verbreitet. Wer Mastix verwenden will, erhält es in einem griechischen Feinkostgeschäft.

Für sechs Gläser

1 Flasche halbtrockener Weißwein
$^3/_4$ Tasse (170 g) klarer Honig
$^1/_2$ Teelöffel gemahlener schwarzer Pfeffer
1 Lorbeerblatt
etwas Safranpulver oder Safranstaubfäden
eine Prise Mastix (je nach Geschmack)
1 frische Dattel; den Kern, 10 Minuten lang geröstet; das Fruchtfleisch in etwas Wein eingelegt

$^2/_3$ Tasse (150 ml) von dem Wein zusammen mit dem Honig in einen Topf geben und aufkochen lassen. Wenn nötig, den Schaum abschöpfen und das Ganze ein weiteres Mal kurz zum Kochen bringen. Die Gewürze unterrühren, solange der Wein noch heiß ist, das beschleunigt ihre Wirkung. Wenn die Mischung abgekühlt ist, den restlichen Wein dazugeben und über Nacht stehen lassen. Vor dem Servieren durch ein feines Sieb oder ein Musselintuch gießen.

Hühnchensalat (Sala Cattabia)

Hier noch die Sala Cattabia *aus dem Apicius: Gib Selleriesamen, getrocknete Poleiminze, getrocknete Minze, Ingwer, ein Korianderblatt, Rosinen, Honig, Essig, Öl und Wein in einen Mörser und zerstoße es. Gib ein Stückchen Brot aus Picenum, belegt mit Hühnerfleisch, Bries vom Zicklein, Vestinischem Käse, Pinienkernen, Gurken und feingehackten getrockneten Zwiebeln in eine Pfanne. Schütte die Soßenmischung darüber. Streue abschließend Schnee darüber und serviere.*
Apicius 4, 1, 2

Dieser Salat bietet eine interessante Komposition von Aromen und Konsistenzen; er eignet sich ideal als erster Gang. Ich bin überzeugt, daß es sich um eines der erfolgreichsten Gerichte aus dem *Apicius* handelt. Lammbries schafft einen besonders guten Kontrast der Konsistenzen. Die Zubereitung ist ein wenig ungenau überliefert: Ich entschied mich für eine Puddingform, die ich vor dem Auftragen stürze.

Vestinerkäse war ein geräucherter Ziegenmilchkäse, von den Vestinern, einem Bergvolk aus den Abruzzen in Mittelitalien. Ihr Käse galt in Rom als Delikatesse. Daß ich Pecorino Romano nehme, entspricht meinem persönlichen Geschmack: Er ist trocken und hat eine höchst pikante Note, die sich deutlich von den anderen, milderen Ingredienzen des Salates abhebt. Man könnte auch reifen Cheddar nehmen oder frischen Parmesan.

Picener Brot, ebenfalls aus Mittelitalien, wurde auf ganz besondere Weise gebacken. Das Rezept verlangt, daß man eingeweichten Grieß vor dem Backen neun Tage gären läßt. Die Tongefäße, in die man den Teig legte, zerbrachen während des Backvorgangs im Ofen. Das weiße, ganz lockere Brot wurde zum Essen stets in Milch oder Wein getunkt. Man kann es durch ein weißes, mit Grieß angereichertes Brot ersetzen.

Für vier Personen

8 Scheiben mit Grieß angereichertes Weißbrot
2 Hühnerbrüstchen, gekocht und gewürfelt
120 g Lammbries, gekocht und gewürfelt
85 g geriebener Pecorino Romano-Käse
1 mittelgroße, feingehackte Zwiebel
4 TL (60 g) Pinienkerne
$^1/_2$ Salatgurke, geschält und in feine Streifen geschnitten

Dressing
2,5 cm frische, feingehackte Ingwerwurzel
1 reichliche Handvoll frischer Koriander
2 EL (60 g) Rosinen
1 TL getrocknete oder $^1/_2$ TL frische Minze
1 TL gehackte Poleiminze, frisch oder getrocknet (wenn nicht verfügbar, mehr Minze)
1 gestrichenen TL Selleriesamen
3 TL (45 ml) Rotweinessig
$^2/_3$ Tasse (150 ml) Rotwein
1 EL (30 g) Honig
3 EL (45 ml) Olivenöl
Salz und Pfeffer
Petersilie

Das Brot entrinden und jede Scheibe in drei längliche Stücke schneiden. Eine 1,5 Liter fassende Puddingform mit Brot auslegen, eine rundgeschnittene Scheibe auf den Boden. Dann die Salatzutaten einschichten. Ein Viertel des Hühnerfleisches zuunterst, darauf die gleiche Menge Bries, dann Käse, Zwiebel, Pinienkerne und eine Lage Gurkenscheiben. Die Reihenfolge wiederholen, bis alle Zutaten verbraucht sind.

Zur Herstellung des Dressings braucht man einen Mörser. Ingwer, Koriander und Rosinen zu einem Brei zerdrücken – es dauert einige Zeit. Die übrigen Kräuter und die Selleriesamen dazugeben und gut durchmischen. Den Mörser mit dem Essig ausspülen und alles in ein anderes Gefäß umfüllen. Wein, Honig, Öl und Gewürze hinzufügen. Das Dressing über den Salat gießen und obenauf eine Schicht Gurken legen. Mit einer Untertasse abdecken, darauf ein Gewicht legen und den Salat kühl stellen. Wenn das Gericht aufgetragen werden soll, das Brot vom Rand lösen, den Inhalt der Form auf eine Platte stürzen und zur Zierde Gurkenscheiben und Petersilie darauflegen.

Gefüllter Flaschenkürbis

Gefüllter Flaschenkürbis als Vorspeise. Schneide sorgfältig seitlich Stücke aus den Kürbissen heraus, höhle sie aus und lege sie in kaltes Wasser. Bereite die folgende Füllung: Zerstoße Pfeffer, Liebstöckel, Oregano, durchtränke dies mit frischer Fischsoße, gib zerdrücktes gekochtes Hirn und aufgeschlagene rohe Eier dazu und bereite eine geschmeidige Mischung. Schmecke sie mit Fischsoße ab. Fülle dann die nicht ganz weichgekochten Kürbisse mit dieser Masse, verschließe sie mit den herausgeschnittenen Stücken, koche sie, laß sie dann abtropfen, schneide sie in Scheiben und brate sie. Bereite ein oenogarum auf folgende Weise: Zerstoße Pfeffer und Liebstöckel, durchtränke sie mit Wein und Fischsoße, vermische sie mit Rosinenwein, gib ein paar Tropfen Öl in eine Pfanne und laß das kochen. Wenn es fertig ist, binde es mit Stärkemehl, gieß das oenogarum über die gebratenen Kürbisse, würze mit Pfeffer und serviere.

Apicius 4, 5, 3

Es ist gar nicht so einfach, hierzulande Flaschenkürbis zu kaufen. Der einfache runde Markkürbis (Eierkürbis) oder der Garten-Kürbis – den Römern gänzlich unbekannt, da sie aus Zentral- und Südamerika stammen – tun's allerdings auch. Es gibt sie zwischen Juli und Oktober. Man sollte den Kürbis mit Bedacht auswählen und nach jungen Früchten schauen, die nicht länger als 30 cm sind und eine zarte Außenhaut haben. Auch aus Zucchini kann dieses Rezept als Vorspeise zubereitet werden. Die Füllung besteht aus Lammhirn; man kann aber auch gehacktes Lamm- oder sogar Rindfleisch nehmen.

ALS VORSPEISE FÜR SECHS PERSONEN – ALS HAUPTGANG FÜR DREI ODER VIER

1 kleiner Markkürbis, ein runder gelber Garten-Kürbis oder 4 Zucchinis
Olivenöl zum Braten

Füllung
225 g Lammhirn oder gehacktes Lamm
1 Ei
2 TL kleingeschnittenes frisches Liebstöckel- oder Selleriegrün
2 gehäufte TL kleingeschnittener frischer oder 1 1/2 TL getrockneter Oregano
2 EL (30 ml) Fischsoße
1/2 TL gemahlener schwarzer Pfeffer

Soße
2/3 Tasse (150 ml) Rotwein
2 EL (30 ml) Fischsoße
2/3 Tasse (150 ml) Olivenöl
1 TL kleingehacktes frisches Liebstöckel- oder Selleriegrün
reichlich gemahlener schwarzer Pfeffer
etwas Maismehl oder -stärke zum Eindicken

Wie in dem antiken Rezept beschrieben, eine längliche Öffnung in den Kürbis oder die Zucchini schneiden und das Fleisch aushöhlen, aber darauf achten, daß die Schale nicht bricht. Wenn man einen gelben Kürbis oder einen Markkürbis verwendet und einen ausreichend großen Kochtopf hat, den Kürbis für 10 Minuten in kochendes Wasser legen und dann in kaltem Wasser abkühlen. Wenn kein geeigneter Topf da ist, den Kürbis in einer Pfanne in die Backröhre geben, bis zur Hälfte kochendes Wasser darübergießen und mit einer Folie abdecken; in der vorgeheizten Röhre bei 190°C (Gas Stufe 4) 20 Minuten lang garen und in kaltem Wasser abkühlen. Zucchini braucht man in diesem Stadium nicht zu kochen.

Das Lammhirn in kaltes Wasser legen, um alle Blutreste zu beseitigen; alle Fasern und Knochen entfernen und das Hirn grob zerschneiden. Dann alle Zutaten für die Fülle in einem Mixer gut durchmischen und sorgfältig den Kürbis damit ausfüllen, mit dem ausgeschnittenen länglichen Rindenstück wieder verschließen und mit einem Küchenzwirn befestigen. Die Frucht wieder in den Kochtopf geben und Wasser nachfüllen, bis sie bedeckt ist, und nun 1 Stunde kochen lassen. Stattdessen kann der Kürbis auch in einer geeigneten Pfanne, bis zur Hälfte mit Wasser bedeckt und mit einer Folie abgedeckt in den Ofen gegeben werden, wo er bei 200°C (Gas Stufe 6) ungefähr ebensolange gart. Zucchini brauchen nur 30 Minuten.

Den gargekochten Kürbis gut abtropfen lassen. Inzwischen die Zutaten für die Soße zusammenstellen, aufkochen und vor sich hinköcheln lassen, während man selbst den gefüllten Kürbis brät. Den Faden dazu entfernen und die Frucht sorgfältig in 2 cm dicke Scheiben schneiden. In einer Bratpfanne Olivenöl erhitzen, die Scheiben hineinlegen und jede Seite 2 bis 3 Minuten lang braten. Als Vorspeise zwei Scheiben auf einen Teller legen und von der Soße über das Fleisch löffeln.

Pfau auf einem römischen Wandgemälde. Sein Fleisch und seine Eier waren teure Delikatessen.

Parthisches Huhn

Parthisches Hühnchen. Schneide das Hühnchen am Rücken auf und spreize es auseinander. Zerstoße Pfeffer, Liebstöckel, Kümmel, gib Fischsoße dazu und vermische es mit Wein. Lege das Hühnchen auf einen Teller aus Cumä und gieße die Soße darüber. Löse starkes Asa foetida in warmem Wasser auf und gieß es während des Kochens über das Hühnchen. Serviere es wohlgewürzt mit Pfeffer.

Apicius 6, 9, 2

Für vier Personen

4 Stücke vom Huhn (Brust oder Schlegel)
gemahlener schwarzer Pfeffer
3/4 Tasse (170 ml) Rotwein
2 EL (30 ml) Fischsoße
1/2 TL Asa foetida-Pulver oder 5 Tropfen Asa foetida-Tinktur
2 TL kleingeschnittenes Liebstöckel- oder Selleriegrün
2 TL Kümmelsamen

Die Hühnerteile in eine Kasserolle legen und großzügig mit Pfeffer bestreuen. Den Wein, die Fischsoße und Asa foetida vermischen, Liebstöckel und Kümmelsamen dazugeben und das Hühnerfleisch damit übergießen; abgedeckt im vorgeheizten Backofen bei 190°C (Gas Stufe 5) eine Stunde lang braten. Nach einer halben Stunde den Deckel abnehmen, damit das Fleisch bräunt; mit etwas Soße übergossen auftragen.

Dieses einfache Gericht ist für die Römer ganz ungewöhnlich, denn es enthält nichts Süßes. Interessanterweise ist es nach „Parthien", Roms Rivalen im Osten, benannt. Daß das Hauptgewürz Asa foetida ist, unterstreicht den parthischen Ursprung des Rezepts, denn Asa foetida kam aus dem Partherreich nach Rom. Andererseits ist Kümmel mitteleuropäischen Ursprungs, dieses Gewürz haben daher gewiß die Römer zu dem Gericht beigesteuert.

Wahrscheinlich war ursprünglich an Kümmelgrün gedacht. Aber es ist sehr schwierig, frischen Kümmel zu beschaffen, es sei denn man züchtet ihn in einem Treibhaus. Ich selbst nehme die Samen und finde, es geht mit ihnen ausgezeichnet.

Schweineschulter mit Süßweinkuchen

Wein wird aus einer Amphora in den Mischkrug gegossen. Szene auf einem Weingefäß von Smikros um 505 v.Chr.

Schweineschulter mit Süßmostkuchen. Koche das gepökelte Schweinefleisch mit zwei Pfund Gerste und 25 getrockneten Feigen. Nach dem Kochen nimmst du das Fleisch heraus, sengst das Fett auf einem rotglühenden Backblech ab und tauchst das Fleisch in Honig. Noch besser: Du stellst es in einen Backofen und hüllst es in Honig. Wenn das Fleisch gebräunt ist, gib in eine Kasserolle Rosinenwein, Pfeffer, ein Bündelchen Raute und Wein und vermische es. Dann gieß die Hälfte der Pfeffersoße über das Fleisch und die andere Hälfte über mundgerechte Mostkuchenstückchen. Wenn sie durchtränkt sind, gieß, was die Kuchen nicht aufgesogen haben, über das Schweinefleisch.
Apicius 7, 9, 3

Mostkuchen bereitet man folgendermaßen: 9 Pfund Brotweizenmehl werden mit Most getränkt. Gib Anis, Kreuzkümmel, 2 Pfund Schweinefett und 1 Pfund Käse dazu und reibe die Rinde eines Lorbeerzweigs hinein. Wenn du die Kuchen geformt hast, lege Lorbeerblätter darunter und backe sie.
CATO, *Über den Landbau* 121

Es ist ein ausgezeichnetes Gericht für ein besonderes Essen. Ich habe es für römische Festessen oft zubereitet. Die Süßweinkuchen bedürfen einiger Überlegung. Bei frischem Most beginnt der Gärungsprozeß schon fast mit dem Pressen. So könnte der Most ein wirkungsvolles Treibmittel sein. Ich glaube, Catos Koch erwartete, daß die Kuchen aufgehen. Traubensaft ist in dieser Hinsicht wirkungslos und daher für unsere Zwecke unbrauchbar. Meine Versuche mit Wein erbrachten bessere Ergebnisse, aber eine lockere und aufnahmefähige Teigmasse ist heute ohne Hefe nicht zu erreichen.

Für sechs Personen

Süßweinkuchen
2 Tassen (225 g) einfaches Mehl
2 EL (60 g) Schweinefett zum Backen
(60 g) geriebenen Pecorino Toscano-Käse
1 TL gemahlener Kreuzkümmel
1 TL Anissamen
3-4 TL (45-60 ml) Rotwein
Lorbeerblätter
etwas frische Hefe oder 1/2 TL trockene Hefe

Zubereitung eines Mahls: Sklaven weiden ein Rehkitz aus; unter den Zutaten eine Knoblauchzwiebel. Römisches Wandgemälde, 1. Jahrhundert n.Chr.

Für die Süßweinkuchen das Mehl sieben und das Schweinefett hineinreiben. Hinzu kommen Käse, Kreuzkümmel und Aniskörner. Den Wein mit einem Lorbeerblatt auf Körpertemperatur bringen und die Hefe darin auflösen; das Lorbeerblatt herausnehmen, ehe man den Wein in das Mehl gibt. Einen nicht zu festen Teig daraus herstellen und gut durchkneten; in sechs gleiche Teile teilen und zu Brötchen formen. Mit je einem Lorbeerblatt auf ein eingefettetes Backblech legen. Ein Tuch darüberdecken und an einem warmen Platz $1\frac{1}{2}$ Stunden gehen lassen. Die Kuchen im vorgeheizten Ofen bei 190°C (Gas Stufe 5) 25 bis 30 Minuten lang backen, bis sie ganz aufgegangen und goldbraun sind.

Geräucherter Schinken

675 g geräucherter Schinken
$2\frac{1}{2}$ Tassen (225 g) Perlgraupen
10 getrocknete Feigen
1 Selleriestengel
2 Lorbeerblätter
10 Pfefferkörner
1 Tasse (225 g) Honig

Sosse

1 1/4 Tassen (280 ml) Rotwein
1 1/4 Tassen (280 ml) Rosinenwein
2 TL getrocknete Weinraute in einem Musselinsäckchen oder ein nicht zu kleines Zweiglein frische
1/2 TL gemahlener schwarzer Pfeffer

Das Fleisch über Nacht wässern. Anderntags das Wasser abgießen und das Fleisch in eine große Kasserolle legen; darüber frisches kaltes Wasser gießen, mit den Graupen, den Feigen, dem Sellerie, den Lorbeerblättern und Pfefferkörnern und 1/2 Tasse (120 g) Honig. Zum Kochen bringen, abschöpfen und eine Stunde weiterkochen lassen. Die Bratröhre auf 200°C (Gas Stufe 6) heizen, das Fleisch aus der Kasserolle nehmen, die gewürzte Kochbrühe aber zurückbehalten. Das leicht abgekühlte Fleisch mit dem Fett und Honig umkleiden und dann 30 Minuten im Ofen schmoren. Inzwischen die Soße zubereiten. Dazu den Wein, den Rosinenwein und 2/3 Tasse (150 ml) von der Kochbrühe mit Weinraute und Pfeffer in eine Pfanne geben, aufkochen und etwas eindicken. Vor dem Servieren die Graupen und Feigen aus der zurückbehaltenen Brühe seihen und sie auf einer großen Servierplatte rings um das Fleisch anordnen. Die Süßweinkuchen in zwei Hälften brechen und auf einer zweiten Platte die Hälfte der Soße darübergießen. Den Rest der Soße über das Fleisch geben. Das Fleisch wird am Tisch geschnitten.

Gefüllte Nieren

Gegrillte Nieren werden folgendermaßen zubereitet: Man schneidet sie in der Mitte durch, so daß man sie aufklappen kann, und würzt mit gemahlenem Pfeffer, Pinienkernen, ganz fein geschnittenem Koriander und gemahlenen Fenchelsamen. Dann werden die Nieren wieder geschlossen, zusammengenäht, in der Fruchtblase einer Sau in Öl und Fischsoße angekocht und schließlich in einem Steinguttopf oder auf dem Grill gebraten.
Apicius 7, 8

Dieses gehört zu meinen Lieblingsgerichten – hervorragend als Vorspeise oder als Hauptgang. Bei einem Test-Essen, das ich veranstaltete, dankte mir eines meiner „Versuchskaninchen“ dafür, daß ich ihn von seiner lebenslangen Abneigung gegen Nieren geheilt hatte!

Für vier Personen

8 Lammnieren
10 Fenchelsamen, bei mittlerer Hitze 5 Minuten lang geröstet
$^{2}/_{3}$ Tasse (120 g) Pinienkerne, über Nacht in Weißwein eingeweicht
1 reichliche Handvoll frischer Koriander
1 gestrichener TL gemahlener schwarzer Pfeffer
2 EL (30 ml) Olivenöl
2 EL (30 ml) Fischsoße
1 Schweinefruchtblase (nach Belieben)

Die Nieren enthäuten, aufschneiden und von allen Fasern reinigen. In einem Mörser die Fenchelsamen grob zerstoßen. Die Pinienkerne abseihen, mit dem Koriander in den Mörser geben und die gesamte Mischung zu einer gleichförmigen Masse zerstoßen. Den Pfeffer dazugeben. Ein Löffel davon kommt in die Mitte einer jeden Niere, die dann wieder geschlossen wird. Wenn man vom Metzger die Fruchtblase einer Sau bekommt, jede Niere einwickeln, um zu verhindern, daß die Füllung wieder herauskommt. Andernfalls die Nieren mit Küchenzwirn zunähen oder mit einem Cocktailstäbchen zusammenhalten. Öl und Fischsoße in eine Bratpfanne geben und erhitzen. Die Nieren auf beide Seiten 2 Minuten anbraten, mit der Soße in einem Topf in die vorgewärmte Röhre geben und bei 180°C (Gas Stufe 4) weitere 10 Minuten braten.

Das Kind eines Sklaven ist im Weinkeller eingeschlafen. Tonfigur aus Süditalien, etwa 320 v.Chr.

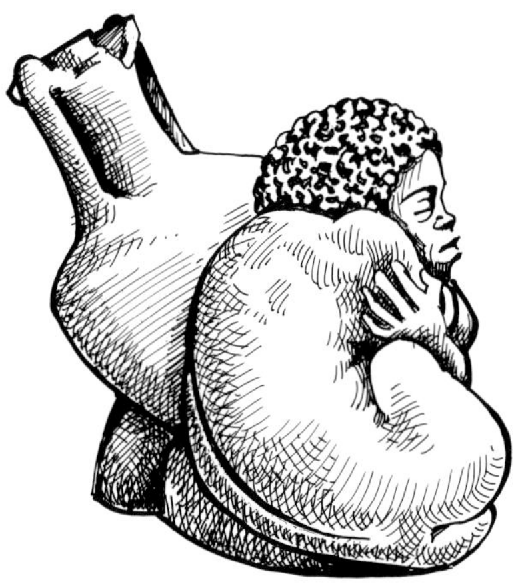

Pilze in Honig

Die gehackten Pilze in einen Topf geben, dazu Pfeffer, Liebstöckel und etwas Honig. Fischsoße und sparsam Öl untermischen.
Apicius 7, 13, 6

Für vier Personen

1 EL (15 ml) Olivenöl
1 EL (15 ml) Fischsoße
1 EL (30 g) Honig
2 TL frisches geschnittenes Liebstöckel- oder Selleriegrün
1/2 TL schwarzer Pfeffer
225 g große, grob geschnittene Pilze

Öl, Fischsoße und Honig in einem Gefäß mischen und zum Kochen bringen. Liebstöckel, Pfeffer und die geschnittenen Pilze hinzufügen. Das Ganze lebhaft kochen lassen, um die Flüssigkeit zu reduzieren, so daß beim Servieren Fischsoße und Wasser gänzlich verschwunden sind, mit Honig und Öl eine Glasur um die Pilze bilden.

Diese Pilze lassen sich leicht als Beilage zu vielen Hauptgerichten aus diesem Buch zubereiten. Pilze waren in der Antike eine Delikatesse – sie zu essen barg aber auch Gefahren. Nicht jedermann vermochte die giftigen Arten von den genießbaren zu unterscheiden. Die griechischen und römischen Verfasser medizinischer Bücher empfehlen deshalb viele Mittel gegen Pilzvergiftungen: Oft schlossen diese Gegenmittel – unverständlicherweise – die Zutaten ein, mit denen die Pilze zubereitet wurden. Vielleicht war die Gefahr ein Teil des Genusses für die raffiniertesten Gourmets, wie giftige Sushi für Japaner. Der römische Kaiser Claudius (10 v.Chr. – 45 n.Chr.), der mit der Eroberung Britanniens begann (Kap. 7), starb, nachdem er eine Portion Boleti genossen hatte; doch lag das angeblich nicht an den Pilzen: Seine Frau hatte Gift in das Gericht gemischt.

Das oben empfohlene antike Rezept, ist ebenfalls für Boleti. Diese waren vermutlich keine Steinpilze, die heute *boletus* heißen; vermutlich handelte es sich um *Agaricus caesarius*, der unseren Champignons ähnelt. Ich finde, daß große offene Pilze sich für dieses Rezept am besten eignen, obwohl man natürlich auch getrocknete Steinpilze nehmen kann.

7
Am Hadrianswall

Das römische Weltreich erstreckte sich von den Ufern des Euphrat bis zu den Küsten Lusitaniens (Portugal), von der libyschen Wüste bis zu den sumpfigen Gestaden des Niederrheins. Das römische Heer hatte den größten Teil dieses Riesenreiches erobert und bot ihm nun Sicherheit gegen innere Unruhen und Angriffe von außen. Ein Heer von rund einer halben Million Soldaten, ein Wunder an Organisation. Die Infrastruktur, auf der sie beruhte, hatte großen Einfluß auf das Leben in den römischen Provinzen. Seine Spuren sind bis heute vielfach sichtbar.

Sternförmig gingen befestigte Römerstraßen von der Hauptstadt zur Provinzstadt und von dort weiter bis zu den Grenzbefestigungen. An vielen dieser Strecken gab es offizielle Haltestellen. Zunächst wohl nichts anderes als Raststätten, wo Boten ihre Pferde wechseln konnten, entwickelten sie sich nicht selten zu Zentren des lokalen Handels. Was die Soldaten zur Verpflegung, die Offiziere an besonderen Luxusgütern brauchten, wurde auf Karren und Flußschiffen über hunderte von Kilometern bis zu den entlegensten Stützpunkten transportiert. Steuergelder flossen ins Innere des Reichs, Sold für die Armee hinaus an die Grenzen. Die Geldwirtschaft wuchs beständig. Schließlich wurde sogar im ganzen Reich für alles, was das Heer zum Leben brauchte, eine obere Preisgrenze festgesetzt.

Im klassischen Griechenland gab es, wenn auf griechische Texte Verlaß ist, nur wenige Gastwirtschaften. Im Gegensatz dazu waren sie ein fester Bestandteil des römischen Alltags. Der Dichter Horaz (65-8 v.Chr.) läßt uns in eine solche Gaststätte hineinschauen: „Wir kamen geradewegs nach Benevent, wo ein übereifriger Gastwirt sein Lokal anzündete, als er uns am Spieß ein paar magere Drosseln briet! Ein verirrter Funke aus dem verlöschenden Feuer stob in seiner alten Küche empor und setzte die Decke in Brand. Hungrige Gäste und aufgeregte Sklaven überboten sich in edlem Wettstreit, das Essen zu retten und das Feuer zu löschen."

An der Wand einer anderen Gaststätte fanden Archäologen das Bruchstück eines Gesprächs, als Werbung für das Auge des Reisenden bestimmt:

„Herr Wirt, was bin ich dir schuldig?" „Da war der Wein, 2 1/2 as (röm. Kupfermünze); Brot, 1 as; Knabberzeug, 2 as." „In Ordnung." „Das Mädchen, 8 as." „Gut." „Heu für's Maultier, 2 as." „Dieses Vieh ist mein Ruin!"

Den ersten Versuch, das ferne Britannien zur römischen Provinz zu machen, unternahm Julius Caesar. Seine beiden Feldzüge brachten jedoch nichts. Erst der vierte Kaiser, Claudius, hatte Erfolg. Der Kaiser selbst verbrachte nur zwei Wochen in der kalten, feuchten Provinz, aber die Invasion, die er im Jahre 43 n.Chr. anordnete, führte innerhalb von 60 Jahren zur Eroberung ganz Südenglands bis hin zum Solway Firth und an den Tyne. Römische Truppen drangen vorübergehend sogar weit nach Schottland vor.

Drei, zeitweise vier römische Legionen waren dort stationiert. Fern der traditionellen Weinanbaugebiete, wollten natürlich auch die Römer in Britannien Wein trinken; sie wollten Linsen essen, Walnüsse, Feigen und Oliven kauen. All das wurde importiert, und gewiß versuchte man auch, Reben und Walnußbäume zu pflanzen. Römische Soldaten wie Zivilisten wünschten die vertraute Würze in ihren Speisen, Sellerie und Karotte, Fenchel und Koriander, Birnen, Pfirsiche und Maulbeeren aus dem warmen Süden. Sie bescherten so

Römische Silbergegenstände aus dem Schatz von Mildenhall, wahrscheinlich um 360 n.Chr. vergraben, in den 40er Jahren in Suffolk wiederentdeckt. Die kostbaren Arbeiten zeigen die Begleiter des Bacchus, Satyrn und Mänaden. Auf einigen Stücken finden sich auch christliche Motive.

den Eß- und Trinkgewohnheiten in Britannien einen dauerhaften Wandel. Zumeist haben sich die römischen Neuerungen gehalten.

Aus archäologischen Funden wissen wir das, nicht aus der Literatur. Von den schriftlichen Aufzeichnungen der Römer über ihre nördlichste Provinz ist nur sehr wenig erhalten, unerwartet kamen jedoch einige vor wenigen Jahren ans Licht. Bei Vindolanda, einer Befestigungsanlage an der britannischen Nordgrenze – im abgelegenen Tal des südlichen Tyne, in dessen Nähe bald der Hadrianswall entstehen sollte – wurde eine Sammlung von offiziellen und privaten Briefen ausgegraben und entziffert. Sie waren mit Tinte auf hauchdünne Erlenholzblättchen geschrieben und stammten aus der Zeit um 100 n.Chr. Bei einem handelt es sich um die Geburtstagseinladung einer Dame (s. Seite 118), bei einem anderen um geschäftliche Aufzeichnungen, die Rechenschaft über die Vorräte ablegen, die an Soldaten ausgegeben wurden: „24. Juni. Gerste, 55 Liter; Bier, 27 Liter; Wein, 16 Liter; Essig, 2 Liter; Salzlake zum Einlegen von Fischen, ³/₄ Liter; Schweinefett 8¹/₄ Liter." Die Beeinflussung der Speisegewohnheiten war demnach nicht einseitig: Hier verlangte jemand doppelt soviel Bier – das Malzgebräu Galliens und Britanniens – als Wein!

Die römischen Provinzen hatten ihre eigenen Spezialitäten an Speisen und Weinen, die zum Teil im ganzen Reich bekannt waren. Kreta zum Beispiel war zu römischer Zeit d i e Quelle für medizinische Kräuter. Fischsoße kam von den Mittelmeerküsten Spaniens und Galliens. Die Weine aus Griechenland und Italien waren berühmt, doch auch die aus Gallien, aus dem Rheinland und Spanien fanden zunehmend Beachtung. Plinius gibt einen Überblick über die Weine der Narbonensis (Provence und Languedoc) unter denen sich offensichtlich Vorläufer der Aperitifs von heute finden: „Zwischen Pyrenäen und Alpen liegt Marseille mit Weinen zweier unterschiedlicher Geschmacksrichtungen: Einer, „Sappy" genannt, wird besonders aromatisch gemacht, um ihn mit anderen zu mischen. Die Wertschätzung des Béziers ist auf Gallien beschränkt. Über die anderen Weine der Narbonensis will ich nichts sagen: Sie haben dort eine Produktionsstätte für ihre Herstellung aufgebaut, wo sie den Geschmack mit Rauch und (ich wünschte, es wäre nicht so) mit Kräutern und schädlichen Drogen verändern. Ein Händler verfälscht Geschmack und Farbe gar mit Aloe."

Zu einem Menü aus diesem Kapitel passen die traditionsreichen französischen oder spanischen Weine sehr gut. Die angereicherten Weine von den Mittelmeerküsten – Malaga, Maury, Rivesaltes – haben wohl noch etwas vom Charakter antiker Weine. Auch längst etablierte weiße Dessertweine gibt es von hier, Valencia, Muscat de Frontignan und andere.

Weichgekochte Eier

Zu weichgekochten Eiern: Pfeffer, Liebstöckel, eingeweichte Pinienkerne. Mit Honig und Essig anfeuchten, mit Fischsoße mischen.
Apicius 7, 17, 3

Für vier Personen

2/3 Tasse (120 g) über Nacht in etwas Weißwein getränkte Pinienkerne
1 TL kleingeschnittenes frisches Liebstöckel oder Selleriegrün
1 EL (15 ml) Fischsoße
1 EL (30 g) Honig
1 EL (15 ml) Weißweinessig
1/2 TL gemahlener schwarzer Pfeffer
4 weichgekochte Eier

Die Pinienkerne abseihen und zerdrücken oder zermahlen. Mit Liebstöckel, Fischsoße, Honig, Essig und Pfeffer weiter zu einer glatten Paste zerstoßen – ich serviere sie gewöhnlich sehr glatt und geschmeidig, aber sie schmeckt ebensogut, wenn die Struktur noch etwas körnig ist. Am Ende so verfahren, als machte man Eiermayonnaise, und mit Gurke – nach dem folgenden Rezept zubereitet – garnieren.

Ganz nebenbei haben wir hier ein weiteres Beispiel dafür, wie die Küche der Antike aus einem Puzzlespiel von Einzelaussagen rekonstruiert werden muß. Wie schnitten die griechischen Köche damals Eier auf? Wie wurden die Beeren der Eberesche eßbar gemacht? Die Geschichte vom Ursprung der Liebe (Kapitel 2), die in Platons *Symposion* ausschnittweise erzählt wird, gibt auf beide Fragen Antwort: „Daraufhin“, sagt Aristophanes, „ging Zeus, der Vater der Götter und der Menschen, daran, die sphärischen Wesen in zwei Hälften zu teilen, so wie einer die Ebereschenbeeren entzweischneidet, ehe er sie einmacht, oder Eier teilt mit einem Haar.“

Gurkensoße

Gurke: Pfeffer, Poleiminze, Honig oder Rosinenwein, Fischsoße und Essig. Manchmal auch Asa foetida.
Apicius 3, 6, 3

FÜR SECHS PERSONEN

1/2 Gurke, geschält und in dünne Scheiben geschnitten
1 TL kleingeschnittenes Poleiminze (oder Minze)
2 EL (30 ml) Rosinenwein
1 EL (15 ml) Fischsoße
1 EL (15 ml) Rotweinessig
2 Tropfen Asa foetida-Tinktur oder
eine Prise Asa foetida-Pulver

Die Gurkenscheiben auf eine Platte legen, die übrigen Zutaten vermischen und darübergießen. Das Gericht mit Folie abdecken und zum Marinieren kühlstellen.

Die Einladung von Vindolanda. Um 100 n.Chr. schrieb Claudia Severa an die Frau des Kommandanten Cerialis, „Liebe Schwester, für den 11. September lade ich dich herzlich ein zu meiner Geburtstagsfeier. Du würdest mir den Tag noch angenehmer machen. Meine Grüße an deinen Cerialis. Aelius und der kleine Knabe senden die ihren." Den Brief schrieb ein Bediensteter, doch Severa fügte mit eigener Hand hinzu: „Ich erwarte dich, Schwester. Bleib gesund, mein liebes Herz, wie hoffentlich auch ich. Lebwohl."

Weißwürste

Würste: Schäle Weizenkörner, koche sie mit dem feingeschnittenen Inneren von Lauch in der Brühe, in der Därme ausgekocht wurden. Nimm es nach dem Kochen vom Feuer. Hacke Fett und etwas Fleisch und mische alles zusammen. Zerstoße Pfeffer, Liebstöckel und 3 Eier, vermenge alles im Mörser mit Pinienkernen und ganzen Pfefferkörnern und tränke es mit Fischsoße. Fülle die Därme, koche und brate sie kurz oder koche sie nur. Auftragen!
Apicius 2, 5, 3

Für sechs Personen

1 feingeschnitte Lauchstange (nur die weißen Bestandteile)
2 EL (30 g) geschälter Weizen
340 g gehackter Schweinebauch
2 TL kleingeschnittenes, frisches Liebstöckel- oder Selleriegrün
2 Eier
2 EL (30 g) Pinienkerne
2 EL (30 g) Fischsoße
1 TL schwarze Pfefferkörner
$^1/_2$ TL gemahlener schwarzer Pfeffer
Wursthäute

Den feingeschnittenen Lauch in $^2/_3$ Tasse (150 ml) Wasser blanchieren. Den geschälten Weizen dazuschütten und 5 Minuten kochen, dann abseihen und abkühlen lassen. Anschließend alle Zutaten in einem Mixer gut durchmischen. Nun die Würste füllen (dazu die Anleitung auf Seite 90-1) und die jeweilige Länge zu einer Spirale aufdrehen. Die Würste in einen Topf mit kaltem Wasser legen, zum Kochen bringen und 20 Minuten weiterkochen lassen. Sie könne heiß oder kalt gegessen werden. Um den weißen Würsten Farbe zu verleihen, kann man sie kurz braten.

Üblicherweise wurden Weißwürste mit Suppen aus Getreide oder Hülsenfrüchten serviert. Ich finde das folgende Erbsengericht als Beilage ausgezeichnet.

Erbsen nach Vitellius

Erbsen oder Bohnen nach Vitellius. Koche und rühre die Erbsen, bis sie weich sind. Zerstoße Pfeffer, Liebstöckel und Ingwer. Gib zu den Gewürzen hartgekochte Eidotter, 3 Eßlöffel Honig, Fischsoße und Essig. Alles zusammen in einen Kochtopf geben. Füge Öl hinzu und laß das Ganze kochen. Gieße es zu den Erbsen und rühre weiter, falls sie noch hart sein sollten. Schmecke mit Honig ab und trage auf!

Apicius 5, 3, 5

Für vier Personen

225 g getrocknete Erbsen oder 1 Pfund frische dicke Bohnen
2 cm frische Ingwerwurzel
2 TL geschnittenes frisches Liebstöckel- oder Selleriegrün
1/2 TL gemahlener schwarzer Pfeffer
3 hartgekochte Eidotter
3 EL (90 g) klarer Honig
2 EL (30 ml) Fischsoße
2/3 Tasse (150 ml) Weißwein
1/3 Tasse (80 ml) Weißweinessig
1 EL (15 ml) Olivenöl

Die Erbsen über Nacht in kaltem Wasser einweichen, am nächsten Tag abseihen, in einen Topf geben und mit frischem kalten Wasser bedecken. 1-1 1/2 Stunden weichkochen, wobei, wenn nötig, noch kochendes Wasser nachgefüllt werden kann. Die Erbsen abtropfen und zu einem Brei zerdrücken oder abgekühlt im Mixer zerkleinern. Wenn dicke Bohnen verwendet werden, 4 bis 6 Minuten in brodelndem Salzwasser weichkochen, abtropfen und pürieren.

Für die Soße den Ingwer schälen, kleinschneiden und mit Liebstöckel und Pfeffer zerstoßen. Dann die gekochten Eidotter dazutun und weiter mit Mörser und Stößel arbeiten, bis man eine weiche Paste hat. Honig und Fischsoße unterrühren und die Masse mit Wein und Essig aus dem Mörser in eine Kasserolle spülen. Öl dazugeben, die Masse zum Kochen bringen und ein paar Minuten lang leicht köcheln lassen. Dann alles zu den Erbsen (oder Bohnen) fügen und aufs neue erhitzen. Ich finde die Erbsen so schon süß genug und verzichte daher auf weiteren Honig, den das Originalrezept vorsieht.

Schweinefleisch mit Apfel

Minutal Matianum. *Gieße Öl, Fischsoße und Brühe in einen Kochtopf. Zerschneide Lauch, Koriandergrün und kleine Fleischbällchen. Würfle eine gebratene Schweineschulter mitsamt der knusprigen Kruste. Koche alles zusammen. Nach der Hälfte der Kochzeit gibst du entkernte, gewürfelte Matius-Äpfel dazu. Inzwischen zerstößt du Pfeffer, Kreuzkümmel, frischen Koriander oder Koriandersamen, Minze und Asa foetida-Wurzel. Gieße Essig, Honig, Fischsoße, etwas eingedickten Most und etwas von der darüber; ein wenig Essig hebt die Würze. Bring alles zum Kochen. Wenn es kocht, krümle Blätterteig hinein, um die Soße zu binden. Streu Pfeffer darüber und serviere.*

Apicius 4, 3, 4

Für vier Personen

1 Pfund mageres Schweinefleisch ohne Knochen
3 EL (90 g) klarer Honig
1 Lorbeerblatt
5 Pfefferkörner
1 Selleriestange
225 g gehacktes Rindfleisch
1 kleines geschlagenes Ei
1 große Stange Lauch
1 reichliche Handvoll Koriandergrün
1 Pfund kleine süße Äpfel
$1^1/_4$ Tassen (280 ml) Weißwein
$^2/_3$ Tasse (150 ml) Weißweinessig
2 EL (30 ml) Olivenöl
$^2/_3$ Tasse (150 ml) Fischsoße
2 TL gemahlener Kreuzkümmel
2 TL gemahlener Koriander
1 TL Asa foetida-Pulver oder 5 Tropfen Asa foetida-Tinktur
2 TL gehackte frische oder $1^1/_2$ TL getrocknete Minze
Maismehl oder -stärke zum Binden
frisch gemahlener schwarzer Pfeffer

Das Fleisch mit Wasser, 1 Eßlöffel (30 g) Honig, dem Lorbeerblatt, den Pfefferkörnern und dem Sellerie in einen Topf geben und sprudelnd eine Stunde lang kochen. Dann im Kochwasser abkühlen lassen. Aus dem Rindfleisch mit etwas geschlagenem Ei kleine Bällchen formen.

Den Lauch schneiden, den frischen Koriander zerstoßen und die entkernten Äpfel würfeln. In eine große Kasserolle zunächst den Wein geben, 1 1/4 Tassen (280 ml) Kochbrühe vom Schweinefleisch, Essig, Öl, Fischsoße und die übrigen 2 Eßlöffel Honig (60 g) hinzufügen. Das Schweinefleisch würfeln und mit den Fleischbällchen in den Topf geben; den Inhalt zum Kochen bringen und den Lauch, den Koriander und die Apfelscheiben hinzufügen. Etwa dreißig Minuten kochen lassen, bis das Fleisch gar ist. Kurz zuvor Kümmel, gemahlenen Koriander, Asa foetida und Minze dazugeben. Die Soße mit etwas Maismehl binden. Zum Schluß reichlich mit schwarzem Pfeffer würzen.

Der Schatz von Chaourse; wahrscheinlich das gesamte Silbergeschirr einer reichen Familie, um 260 n. Chr. in Gallien vergraben.

Kam der lateinische Name dieses Gerichts vielleicht deshalb von Gaius Matius, dem Freund des Kaisers Augustus, weil es in seiner Küche kreiert oder in seinem Haushaltsbuch beschrieben worden war? Oder heißt es nach einer feinen Apfelsorte, die Matius gezüchtet oder die man nach ihm benannt hatte? Am besten gediehen diese Äpfel in einem ganz bestimmten Dorf im Veneto, in Norditalien, an den südlichen Ausläufern der Alpen.

Schweinefleisch wurde in Britannien jahrhundertelang mit Äpfeln serviert – ein Rezept, das sich wiederzubeleben lohnt. Die Kräuter und Gewürze waren im römischen Britannien alle zu haben, an Ort und Stelle angebaut oder importiert. Selbst die Fischsoße wurde vor Ort hergestellt: Eine Ausgrabungsstätte unweit von London ist zweifellos eine Produktionsstätte für das *garum* nach römischem Rezept.

Gefülltes Huhn

Gefülltes Huhn. Nimm das Huhn vom Hals her aus. Zerstoße Pfeffer, Liebstöckel, Ingwer, Hackfleisch und gekochten Emmer. Zerdrücke gekochtes Hirn, gib rohe Eier dazu und verarbeite es zu einer weichen Masse. Mische Fischsoße, etwas Öl, ganze Pfefferkörner und reichlich Pinienkerne darunter. Bereite daraus die Füllung zu und gib sie so in das Hühnchen oder Spanferkel, daß noch etwas Platz bleibt. Auch mit einem Kapaun kannst du das machen. Brate das Huhn und entferne die Knochen.

Apicius 6, 9, 14

Für vier Personen

2,5 cm frische Ingwerwurzel
340 g feines Rinderhack oder 170 g Rinderhack und 170 g gekochtes Lammhirn
170 g geschälte Weizenkörner, 20 Minuten lang gekocht und abgetropft
2 TL kleingeschnittenes Liebstöckel- oder Selleriegrün
1 gestrichener TL gemahlener schwarzer Pfeffer
1 EL (15 ml) Olivenöl
4 EL (60 g) Pinienkerne
1/4 Tasse (60 ml) Fischsoße
1 TL schwarze Pfefferkörner
2 Eier
1 frisches Huhn (etwa 2 Pfund schwer)

Den Ingwer schälen und fein hacken. Das gekochte Hirn und das Rinderhack zusammen mit den Weizenkörnern und allen anderen Gewürzen, Kräutern und Flüssigkeiten in einen Mixer geben und gut durchmischen; die Eier untermengen. Bei Verwendung eines entbeinten Huhns, die Haut auf ein Küchenbrett breiten und Schlegel und Flügel so arrangieren, daß man die Würzpaste über den Brustbereich und die Bein- und Flügelhöhlungen streichen kann. Die Haut über die Füllung ziehen und die Ränder einfalten. Das Huhn umdrehen und die Haut so richten, daß das Ganze wieder die Form eines Huhns besitzt. Die Hautfalten mit Küchenzwirn zusammennähen. Verwendet man ein ganzes Huhn, wird es einfach gefüllt. Jetzt den Vogel entweder mit etwas Olivenöl und Salz und Pfeffer braten oder kochen, wenn das Tier entbeint ist. Das Fleisch dazu in Musselin einschlagen, damit es seine Form behält, und $1^1/_2$ Stunden mit einem Lorbeerblatt und einem Stengel Sellerie in Wasser kochen.

Zu diesem Gericht gibt es keine Soße, was für ein Gericht aus dem *Apicius* ganz ungewöhnlich ist. Wer das Huhn lieber mit Soße auftischt, richtet sich am besten nach dem Rezept für die Soße zu gefülltem Kürbis (Seite 105).

Ein Huhn gänzlich zu entbeinen, wie das antike Rezept vorschlägt, ist nicht ganz einfach. Doch kann man auch den Metzger bitten, es für einen zu tun, oder man läßt das Entbeinen einfach bleiben – das Gericht wird in jedem Fall ein großer Erfolg werden!

Inschrift an einer römischen Gastwirtschaft, eine ständige Speisekarte: "Ihr Jägersleute, wir bieten als Mahlzeit Hühnchen, Fisch, Schinken, Pfau."

Birnenschale

Patina von Birnen. *Koche und entkerne Birnen, zerdrücke sie mit Pfeffer, Kreuzkümmel und Honig, Rosinenwein, Fischsoße und etwas Öl. Gib Eier dazu, um die patina zu machen, würze mit Pfeffer und trage auf.*
Apicius 4, 2, 35

Für vier Personen

1½ Pfund feste Birnen
1¼ Tassen (280 ml) Rosinenwein
2 EL (60 g) klarer Honig
1 TL gemahlener Kreuzkümmel
1 EL (15 ml) Olivenöl
1 EL (15 ml) Fischsoße
3 Eier
½ TL gemahlener schwarzer Pfeffer

Die Birnen schälen, entkernen und in grobe Stücke schneiden. In dem Rosinenwein und Honig weichkochen. Die ganze Mischung durch ein Sieb streichen oder fein zermahlen. Den Kreuzkümmel, das Öl, die Fischsoße und die Eier darunterarbeiten. Alles in eine gefettete Kasserolle geben und im vorgeheizten Backofen bei 190°C (Gas Stufe 5) etwa 20 Minuten lang backen, bis es fest wird. Warm und mit etwas frisch gemahlenem schwarzen Pfeffer auftragen.

Eine *patina* ist in der römischen Küche ein süßes oder pikantes Gericht, das entweder auf Eiern aufbaut oder Eier als Zutat einschließt. Seine äußere Form ist so variabel wie die Würze. Es hieß nach der ursprünglich typischen Servierplatte *patina* oder *patella.*

Diese Patina (weitere finden sich in Kapitel 8) ist eine mit Kreuzkümmel gewürzte Eiercreme auf Früchtebasis. Eine ungewöhnliche Zusammenstellung, aber sie macht sich gut und war bei meinen Tischgesellschaften immer besonders beliebt.

8

Abendessen in den Bädern

Die große Stadt Rom hatte ihre Garküchen, Imbißstuben und Kneipen. Juvenal macht sich über die Männer lustig, die noch im Alter Tag und Nacht die Schenken in Roms Hafen Ostia besuchen:

Der phönizische Gastwirt, das Haar mit schmierigem Öl glatt zurückgekämmt, eilt herbei, um die Ankunft des Gastes lebhaft zu begrüßen; er nennt ihn „Herr!" – warum nicht gleich „König"? Da eilt ihm die weibliche Bedienung, den Rocksaum hochgeschürzt, bereits entgegen, die Flasche schon entkorkt. Laß in Ostia nach ihm suchen, Caesar, laß dort in der großen Kneipe nach ihm sehen: Du wirst ihn dort neben irgendeinem Krakeeler liegen finden, zwischen Matrosen, Dieben, Ausreißern, neben Henkern, Sargmachern und einem besoffenen Priester der Kybele, dessen Zimbeln merkwürdig still sind. In der Kneipe sind alle ohne Unterschied frei, alle trinken aus demselben Becher, die Liege bleibt niemandem versperrt, die Tische stehen keinem näher als dem andern.

Etwas vom städtischen Alltag in der Antike wird greifbar, wenn wir den Brief des Philosophen Seneca (4 v.Chr. – 65 n.Chr.) lesen, in dem er sich über den täglichen Lärm vor seinem Fenster beschwert: „Pfannkuchenbäcker und Würstchenhändler, ein Zuckerbäcker und all die Kneipenbesitzer, die ihre Waren anpreisen in einem Gewirr von Stimmen, jeder in seinem eigenen Dialekt."

Und der Tagesablauf eines, der im kaiserlichen Rom lebte? Die Römer neigten dazu, während der ersten Tageshälfte wenig zu essen: Das Frühstück (*ientaculum*) war nur eine Kleinigkeit, die viele sich gleich ganz sparten. Nur Freßsäcke aßen reichlich zu Mittag (*prandium*). Arbeitende fanden ihr Mittagessen gewiß in einer Kneipe oder in einer Garküche. Wer auf Kosten eines reichen Gönners lebte – was viele taten in Rom –, der machte einer vermögenden Persönlichkeit seine Aufwartung, zweifellos in der Hoffnung, daß etwas für ihn abfallen werde, wenn er wartete, bis es was zu Beißen gab. Der Spätnachmittag und Abend waren die Zeit für Entspannung, und auf ein großes Abendessen konnte man sich nicht besser vorbereiten als durch ein paar Stunden in den Bädern – ein Lieblingszeitvertreib. Öffentliche und private Bäder waren über die ganze Stadt verteilt, beliebte Treffpunkte und der ideale Platz für geschäftliche Besprechungen. Das Ritual selbst, die Abfolge von körperlicher Bewegung, Dampfbad, Warmwasser- und Kaltwasserbad, war erholsam. Encol-

pius aus dem *Satyricon* des Petronius erblickte seinen künftigen Gastgeber Trimalchio erstmals im Fitneßraum eines Hallenbads: „Zwei Eunuchen standen zwischen den Ballspielern, von denen einer einen silbernen Nachttopf hielt. Trimalchio schnippte mit den Fingern, und der Eunuch hielt ihm den Topf hin, während sein Herr weiterspielte. Nachdem Trimalchio seine Blase geleert hatte, verlangte er Wasser für seine Hände, benetzte die Finger und trocknete sie am Haar eines jungen Sklaven."

Mosaik aus dem römischen Italien. Knochen, Krebsscheren, Obstkerne, Schneckenhäuser - die Reste eines üppigen Mahls, dauerhaft dargestellt auf dem Fußboden eines Speisezimmers.

Das letzte unserer kleinen Sittenbilder aus der Welt der Antike zeigt eine bescheidenere Szene: Eine Unterhaltung in den Bädern des Tigellinus (von Neros furchterregendem Minister offenbar der Stadt gestiftet). Wie wir sehen werden, waren Schankbetriebe und Restaurants mit den Bädern verbunden: Eine Gesellschaft konnte leicht den ganzen Abend hier verbringen. Der Textauszug stammt aus einer ungewöhnlichen Handschrift, dem zweisprachigen Buch *Konversation im Alltag*, das ursprünglich dazu dienen sollte, daß Griechen Latein lernten und Römer Griechisch. Der imaginäre Sprecher leitet eine gesellige Veranstaltung von Freunden. Anders als Trimalchio hat er keinen eigenen Sklaven. Da aber auch er einen vergnügten Abend im Bad verbringen will, wählt er zunächst einen Diener aus: „Komm mit. Ja, du! Kümmere dich um uns und such uns erstmal einen Platz. Ich will eben noch mit dem Parfümeur sprechen – hör mal, Julius, gib mir Räucherwerk und Myrrhe für zwanzig. Nein, nein, beste Qualität. Und jetzt mein Junge, zieh mir die Schuhe aus und nimm meine Kleider. Reib mich mit Öl ein. So ist's recht; und jetzt laßt uns reingehn."

Nach Sport und Bad begeben sich die Freunde in die Gatsstätte:

„War das Bad gut, Herr?"

„Dies ist mein Fest. Misch Wein für uns, wir wollen's uns bequem machen.

Als Vorspeise gib uns Rote Beete und Kürbis mit etwas Fischsoße. Bring Rettiche und ein Messer, auch etwas Kopfsalat und Gurke, mit Essig und Fischsoße angemacht. Bring uns einen Schweinefuß, Blutwurst und Schweinebauch. Wir nehmen alle Weißbrot. In die Soße muß noch mehr Öl. Schupp' die Sardinen, bevor du sie auf den Tisch stellst. Wir brauchen noch Schweineschulter, Schinken und etwas Senf. Ist der Fisch nicht schon fertiggebraten?"

„Nun noch ein paar Scheiben Wildbret, Wildschwein, Huhn und Hase. Gib jedem eine Portion Kohl. Schneide das gebratene Fleisch. Und jetzt trag Getränke auf."

„Wir alle haben getrunken. Nun bring uns die Turteltauben und den Fasan, bring das Euter und gib etwas alec dazu. Greift zu! So ist's recht! Reiche uns das geröstete Ferkelchen. Es ist sehr heiß, du schneidest es besser vor. Bring einen Krug Honig und bring auch eine gemästete Gans und Gurken."

„Reiche Wasser herum, damit sich die Leute die Hände netze können. Bring uns noch Yoghurt mit Honig, wenn du welchen hast, und etwas halva, in Scheiben geschnitten, damit wir es uns teilen können."

„Das war ein köstliches Mahl. Nun gib auch den Bediensteten im Speiseraum und den anderen Dienern etwas zu essen und zu trinken, und dem Koch, er hat uns gut bedient. Kommt, machen wir noch einen Spaziergang..."

Die folgenden Rezepte sind wieder einmal dem *Apicius* entnommen. Vermutlich stammt diese einzigartige Sammlung aus der Endzeit des römischen Reiches, um das Jahr 400 n. Chr. Es ist sehr schwierig, einen solchen Text zu datieren. Apicius war der Name eines legendären Feinschmeckers, der vierhundert Jahre früher, unter Augustus gelebt haben soll: Das Buch ist eindeutig nach ihm benannt, aber, hat er es auch geschrieben? Die Werke des Apicius, so heißt es, waren die Bettlektüre eines reichen Liebhabers der Kochkunst, im Jahre 120 n. Chr. Der *Apicius* ist jedoch in erster Linie ein Buch für den praktischen Gebrauch, geschrieben in der lateinischen Sprache der Unterschich-

ten („Vulgärlatein") – für Köche, nicht zum Amüsement reicher Genießer.

Schließlich möchten wir noch wissen, was für Weine in den Bädern des Tigellinus aufgetischt wurden und welche die Gerichte des *Apicius* begleiten sollten. Wahrscheinlich waren die Römer, trotz vieler Importe aus Spanien, Gallien und Griechenland, stolz auf ihre eigenen Produkte. Während des gesamten Kaiserreichs hat es kein einziger Autor gewagt, italienische Weine über die griechischen zu loben. Erst im 5. Jahrhundert, nach dem Zusammenbruch des weströmischen Reiches erkühnte sich der italische Staatsmann Cassiodorus, Minister eines Gotenkönigs, die Wahrheit auszusprechen: „Der Graf des Patrimoniums berichtet, daß in den königlichen Kellern kaum mehr ein *Acinaticum*-Wein zu finden sei. Geh zu den Gutsbesitzern von Verona und biete ihnen einen Preis, den sie sofort akzeptieren. Es ist ein Wein, auf den Italien stolz sein kann. Geschäftstüchtige Griechen mögen sich ihrer Produkte rühmen, ihre Weine mit Gewürzen anreichern oder mit Meerwasser würzen, trotz all ihrer Künste haben sie nichts Vergleichbares."

Nach Burton Anderson's Weinatlas von Italien liegt um Verona Italiens aktivstes Weinanbaugebiet. Heutzutage reichen seine Weine vom trockenen weißen Soave und dem trockenen roten Valpolicella bis hin zu dem berauschenderen Recioto, einem süßen roten *passito* aus sonnengetrockneten Trauben, und dem Amarone von Valpolicella. Letzterer ist ein höchst ungewöhnlicher Wein, ein roter aus sonnengedörrten Trauben, reich, trocken, ein wenig bitter sogar. Vielleicht hat dieser verehrungswürdige Wein noch etwas von dem, was Cassiodorus so beeindruckte.

Römischer Silberschatz, mit einer seltenen Münze Mark Antons vergraben. Er entstammt dem Grab eines unbekannten Bewunderers dieses ungewöhnlichen Staatsmannes des 1. Jahrhunderts v. Chr.

Klößchen aus Meeresfrüchten mit Kreuzkümmelsoße

Klößchen aus Meeresfrüchten macht man mit cigale *(Garnelen) und Hummer, Tintenfischen und Langusten. Du würzt die Klößchen mit Pfeffer, Fischsoße, Kreuzkümmel und Asa foetida-Wurzel.*
Apicius 2, 1

Kreuzkümmelsoße für Austern und Schalentiere: Pfeffer, Liebstöckel, Petersilie, getrocknete Minze, reichlich Kreuzkümmel, Honig, Essig und Fischsoße.
Apicius 1, 29 [1, 15, 2]

Diese Klößchen schmecken köstlich aus Pazifikgarnelen, Scampi oder frischem Hummerfleisch und Langustenschwänzen, die man alle, zumindest tiefgefroren, bei jedem Fischhändler bekommt. Die Klößchen werden offenbar ohne jede Zutat zum Binden gemacht. Sie fallen allerdings beim Kochen in der Soße leicht auseinander: Deshalb gebe ich doch etwas Ei hinzu und bei der Verwendung gefrorener Schalentiere ein wenig Brotkrumen, um den Saft aufzusaugen. Die Klößchen sind ideal als Vorspeise zu einem leichten Essen.

Für vier Personen

225 g Pazifikgarnelen, Scampi oder Hummerfleisch
(ersatzweise auch andere Meeresfrüchte)
$^1/_2$ TL Asa foetida-Pulver oder 4 Tropfen Asa foetida-Tinktur
$^1/_2$ TL gemahlener schwarzer Pfeffer
1 gestrichener TL gemahlener Kreuzkümmel
1 Ei
2 EL (30 ml) Fischsoße
1 EL (10 g) Brotkrumen
Mehl zum Bestäuben

Die Schalentiere auftauen, das Wasser abtropfen lassen und sie mit Küchenpapier sorgfältig trockenreiben. In einem Mörser oder Mixer zu einer groben Masse zerkleinern. Hinzu kommen Asa foetida, Pfeffer, Kreuzkümmel, Ei, Fischsoße und Brotkrumen. Nach gründlichem Mischen die Masse auf ein mehlbestäubtes Brett geben und 12 Kugeln daraus formen. In etwas Mehl wälzen und im Kühlschrank kalt werden lassen, während man die Soße zubereitet.

Die Zutaten für die Soße zusammen in einer Bratpfanne zum Kochen bringen. Kurz aufwallen lassen, die Klößchen hineingeben, vorsichtig pochieren und gelegentlich wenden. Mit der Soße sofort auftragen.

Sosse

²/₃ Tasse (150 ml) Weißweinessig
²/₃ Tasse (150 ml) Weißwein
2 EL (60 g) klarer Honig
2 EL (30 ml) Fischsoße
1 gestrichener TL gemahlener Kreuzkümmel
1 Lorbeerblatt
1 TL gehackte frische oder ¹/₂ TL getrocknete Minze
1 Handvoll frische Petersilie
1 TL gehacktes frisches Liebstöckel- oder Selleriegrün
gemahlener schwarzer Pfeffer

Zwei Seebarsche, ein Paar Barsche und vier Garnelen auf einer „Fischplatte" des 4. Jahrhunderts v.Chr. aus Süditalien.

Seezungenpfanne

Patina zomoteganon. *Leg den Fisch ungekocht in eine Pfanne. Gib Öl, Fischsoße, Wein und ein Bouquet aus Lauch und Koriander dazu. Während das kocht, zerstoße Pfeffer, füge gehacktes Liebstöckel und Oregano hinzu und mische etwas von der Fischbrühe und rohe Eier darunter. Gieße es in die Pfanne und laß es abbinden. Wenn es sich gesetzt hat, würze es mit Pfeffer und trag es auf.*

Apicius 4, 2, 27

Für dieses einfache Gericht eignet sich jeder beliebige Fisch. Ich finde es besonders gut mit weißem Fisch wie Seezunge oder Scholle.

Für zwei Personen

2 Seezungenfilets
1 EL (15 ml) Olivenöl
2 EL (30 ml) Fischsoße
2/3 Tasse (150 ml) Weißwein
1 Bouquet Lauch und frischer Koriander
1/2 TL gemahlener schwarzer Pfeffer
1 TL gehacktes frisches Liebstöckel- oder Selleriegrün
1 TL gehackter frischer Oregano
2 Eier

Die Filets in eine Bratpfanne legen und Öl, Fischsoße und Wein darübergießen. Das Bouquet dazugeben und alles zusammen in der vorgeheizten Bratröhre bei 190°C (Gas Stufe 5) 15 Minuten lang garen. Herausnehmen, die Brühe abtropfen lassen und auf die Seite stellen. In einem Mörser Pfeffer zerstoßen und Liebstöckel, Oregano und das gekochte Bouquet zerdrücken. Die Mischung mit der Kochbrühe herausspülen und die Eier daruntermischen. Den Fisch mit dieser Soße übergossen zurück in den Ofen stellen, bis die Soße stockt. Mit schwarzem Pfeffer bestreut sofort servieren.

Gebratene Ente mit Haselnüssen

Eine Geflügelsoße anderer Art: Pfeffer, Petersilie, Liebstöckel, getrocknete Minze und Saflor mit Wein durchtränken. Füge geröstete Haselnüsse oder Mandeln und ein wenig Honig dazu. Mische es mit Wein, Essig und Fischsoße. Gib Öl zu der Mischung in der Bratpfanne, laß sie heiß werden und rühre frischen Sellerie und Bergminze hinein.
Apicius 6, 5, 2

Die Mischung, halb Soße, halb Nußmantel, die hier das Fleisch umgibt, bildet außen herum eine herrlich knusprige Kruste, während das Fleisch ganz zart bleibt. Jede Art von Geflügel kommt dafür in Frage. Das Rezept wird weihnachtlich, wenn man eine Ente, eine Gans oder auch einen Fasan verwendet. Ich nehme aber mit dem gleichen Erfolg ein Huhn.

Nach zwei ungewöhnlichen Gewürzen verlangt das antike Rezept. Saflor, aus den Blüten der Färberdistel, wird auch „falscher Safran“ genannt. Was heute als Safran angeboten wird, ist oft in Wirklichkeit Saflor. Unter ihrem eigenen Namen ist die Färberdistel als Lieferant eines Speiseöls bestens bekannt. Bergminze, in Südeuropa noch immer als Würze verwandt, ist anderswo kaum zu finden. Die von mir stattdessen eingesetzte Katzenminze ist jedoch eng verwandt und weit verbreiteter.

Für vier Personen

1,5 kg Ente, Huhn oder anderes Geflügel
1 1/2 Tassen (170 g) Haselnüsse
2 TL gehackte frische Minze oder 1 1/2 TL getrocknete
2 TL gehackte Petersilie
1 TL gehackte frische Berg- oder Katzenminze
(wenn nicht verfügbar, mehr einfache Minze)
1 1/4 Tassen (280 ml) Rotwein
2 EL (30 ml) Olivenöl
2 EL (30 ml) Rotweinessig
2/3 Tasse (150 ml) Fischsoße
1 TL gemahlener schwarzer Pfeffer
eine Prise Safranpulver oder -fäden

Einheimisches Wild zeigt dieses Mosaik aus dem römischen Syrien der Spätzeit. Der Hase zwischen den Sumpfvögeln tut sich an Trauben gütlich.

Die Haselnüsse 10 Minuten bei 180°C (Gas Stufe 4) im Ofen rösten. Anschließend fein zermahlen und mit den übrigen Zutaten für die Soße in eine Kasserolle geben. Den Inhalt langsam zum Kochen bringen. Das Geflügel, mit Salz und Pfeffer kräftig gewürzt, in eine Bratpfanne legen. Brust und Schlegel mehrfach einschneiden und die Einschnitte etwas auseinanderziehen. Die Soße über den Braten gießen und im vorgeheizten Ofen bei 200°C (Gas Stufe 6) 1 1/2 Stunden lang schmoren. Zwischendurch immer wieder Fett darübergießen, um sicherzustellen, daß die Haut unter der Nußmischung ganz bedeckt ist. Wenn der Wein sich allmählich verflüchtigt, bildet die Soße eine Kruste, die man bewahren sollte.

Spargelpfanne

Patina *mit Spargel. Gib Spargelspitzen in einen Mörser, zerreibe sie, gieße Wein dazu und streiche alles durch ein Sieb. Zerstoße Pfeffer, Liebstöckel, frischen Koriander, Bohnenkraut, Zwiebel, Wein, Fischsoße und Öl. Gib das Spargelpüree in eine gefettete flache Pfanne und schlage, wenn du magst, Eier darüber, während die Mischung kocht, so daß es stockt.*
Apicius 4, 2, 6

Ein schmackhaftes, für die römische Küche typisches Eiergericht, das es verdient, wiederentdeckt zu werden. Römische Gärtner und Feinschmecker züchteten Spargel als erste. Doch auch die frühen Griechen und die Landbevölkerung im Römerreich kannten und schätzten bereits eine wildwachsende Art von *asparagi*, dem gezüchteten Spargel eng verwandt. Die wildwachsenden Stengel sind dünner, grüner, aber als junge Schößlinge fast ebenso saftig. Wilder Spargel, soweit man ihn bekommt, verleiht diesem Gericht einen hervorragenden Geschmack.

Für vier Personen

2 Bund Spargel oder 4 Dosen grüne Spargelspitzen
1 kleine Zwiebel, fein gewürfelt
2/3 Tasse (150 ml) Weißwein
1 EL (15 ml) Olivenöl
2 EL (30 ml) Fischsoße
1 Handvoll gehackter frischer Koriander
1 TL gehacktes frisches oder getrocknetes Bohnenkraut
1 TL gehacktes frisches Liebstöckel- oder Selleriegrün
1/2 TL gemahlener schwarzer Pfeffer
4 Eier

Die Spargelstangen auf etwa 15 cm Länge schneiden und das dickere Ende schälen. Zusammenbinden und in einen tiefen Kochtopf stellen, in dem das Wasser bis zur Hälfte der Stangen heraufreicht. Den Deckel schließen und 5 bis 8 Minuten kochen lassen, bis die dicken Enden weich sind. In kaltem Wasser abkühlen.

Nun die Zwiebel weichdünsten und wieder abkühlen lassen. Die Spargel mit den Zwiebeln im Mixer pürieren oder im Mörser zerstoßen. Wein, Öl, Fischsoße, Koriander, Bohnenkraut, Liebstöckel und Pfeffer untermengen und die Mischung in eine gefettete flache Form füllen. Die Eier darübergeben. Im vorgeheizten Ofen bei 190°C (Gas Stufe 5) backen. Vor dem Auftragen frisch gemahlenen Pfeffer darüberstreuen.

Patina Apiciana

Du bereitest Patina Apiciana *folgendermaßen zu: Stücke von gekochtem Schweinebauch, Fisch, Huhn, Feigendrosseln oder gekochte Drosselbrüstchen und sonstiges von bester Qualität. Hacke es, mit Ausnahme der Singvögel, klein. Vermische rohe Eier mit Öl. Zerstoße Pfeffer und Liebstöckel, gib Fischsoße, Wein und Rosinenwein dazu und wärme es im Kochtopf an; nachdem du das gehackte Fleisch dazugegeben hast, binde es mit Stärkemehl und bringe es zum Kochen. Wenn es gar ist, nimm das Fleisch samt der Soße mit einem Löffel heraus und ordne es in Lagen auf einer Servierplatte an; einen Teil mit Pfefferkörnern, den anderen mit Pinienkernen. Leg unter jede Schicht eine Platte Nudelteig und streiche auf jede Platte eine Kelle von der Fleischmischung. Schließlich eine Nudelschicht mit einem Rohr einstechen und obendrauf legen. Streu Pfeffer darüber. Bevor du das ganze Fleisch mit der Soße in den Kochtopf gibst, solltest du es mit den Eiern binden.*

Apicius 4, 2, 14

Für sechs Personen

1 1/4 Tassen (280 ml) Weißwein
1 1/4 Tassen (280 ml) Rosinenwein
3 EL (45 ml) Fischsoße
2 EL (30 ml) Olivenöl plus etwas Öl zu Einpinseln
2 TL gehacktes frisches Liebstöckel- oder Selleriegrün
1/2 TL gemahlener schwarzer Pfeffer
etwas Maismehl oder -stärke
120 g gekochte, geschälte Garnelen
120 g gekochte Hühnerbrust
120 g gewürfelter geräucherter Schinken
120 g geräucherte Wurst (wie auf Seite 90-1) in Scheiben
4 TL (60 g) Pinienkerne
1 TL schwarze Pfefferkörner
2 Eier
6-8 Lasagne-Nudelblätter

Wein, Rosinenwein, Fischsoße, Öl, Liebstöckel und gemahlenen Pfeffer zusammen in eine Kasserolle geben und zum Kochen bringen. Mit etwas Maismehl andicken und kurz aufwallen lassen. Die aufgetauten und abgetrockneten Garnelen zusammen mit den Fleischstücken in die Soße geben und wieder heiß werden lassen. Pinienkerne und Pfefferkörner hinzufügen. Den Topf vom Feuer nehmen, die Eier schlagen und unterrühren. Erneut langsam erhitzen. Inzwischen müssen die Nudeln vorgekocht und eine gefettete Backform vorbereitet sein. Mit einer Schicht Fleisch beginnend, die Form abwechselnd mit einer Schicht Fleisch und einer Schicht Nudeln füllen; obenauf sollte eine Schicht Nudeln sein. Diese leicht mit Olivenöl einpinseln und mit Alufolie bedeckt im vorgeheizten Ofen bei 200°C (Gas Stufe 6) 20 Minuten lang backen.

Dieses Gericht ist einer Lasagne bemerkenswert ähnlich. Zweifellos handelt es sich hier um einen Vorläufer des traditionellen italienischen Gerichts. Durumweizen, den man heute für die Pasta verwendet, wurde schon in der Antike weithin angebaut.

Die wundervolle Empfehlung „... und sonstiges von bester Qualität" im Text des Originalrezepts erlaubt unserer Fantasie freien Lauf bei der Wahl unserer eigenen Füllung. Fühlen Sie sich nicht durch meine Auswahl gebunden. Fisch und Fleisch kann man aber gut kombinieren. Die üblichen Lasagne-Nudeln können verwendet werden, oder man bereitet seinen eigenen Teig nach dem Rezept für die Käseschichttorte (Seite 94). Der Teig sollte etwa eine Stunde ruhen, bevor er verarbeitet wird. Es ist zwar nicht vorgeschrieben, das Gericht vor dem Servieren noch einmal zu erhitzen, aber ich schiebe es stets noch einmal in den Ofen.

Küchenarbeit: Römisches Relief auf einem Grabstein aus Frascati.

Kürbis nach Alexandriner Art

Kürbis nach Alexandriner Art. Laß den gekochten Kürbis abtropfen, würze ihn mit Salz und lege ihn in eine Schüssel. Zerstoße Pfeffer, Kreuzkümmel, Koriandersamen, frische Minze und Asa foetida-Wurzel. Reichere die Gewürze mit Essig an , gib Caryota-Datteln und Pinienkerne dazu. Zerdrücke alles. Mische Honig, Essig, Fischsoße, Mostkonzentrat und Öl unter. Gieße dies über den Kürbis. Würze ihn nach dem Kochen mit Pfeffer und serviere.
Apicius 3, 4, 3

Für sechs Personen

1 kleiner, junger Markkürbis oder gelber Kürbis
Salz
4 frische, in Wein gequollene Datteln
2 EL (30 g) in Wein eingeweichte Pinienkerne
2 gestrichene TL gemahlener Kreuzkümmel
2 gestrichene TL gemahlener Koriander
$^1/_2$ TL gemahlener schwarzer Pfeffer
2 TL gehackte, frische oder 1$^1/_2$ TL trockene Minze
$^1/_2$ TL Asa foetida-Pulver oder 5 Tropfen Asa foetida-Tinktur
2 EL (60 g) Honig
1 EL (15 g) eingedickter Traubensaft
3 EL (45 ml) Fischsoße
2 EL (30 ml) Olivenöl
3 EL (45 ml) Rotweinessig

Den Kürbis in Scheiben schneiden und bißfest dünsten oder kochen. Eine Backform mit den Scheiben auslegen und etwas Salz darüberstreuen.

Die Datteln entkernen und das Fruchtfleisch zusammen mit den Pinienkernen im Mörser zu einem Brei zerstoßen. Diesen in einem Topf mit den Gewürzen, Kreuzkümmel, Koriander, Pfeffer, Minze und Asa foetida gut vermischen. Die Masse zusammenkratzen und mit dem Honig, dem eingedickten Traubensaft, Öl, Fischsoße und Essig zu einer geschmeidigen Paste vermengen. Diese über den Kürbis gießen. Mit einem Deckel oder Folie abdecken und im vorgeheizten Ofen bei 180°C (Gas Stufe 4) wieder heiß werden lassen. Vor dem Servieren gemahlenen Pfeffer darüberstreuen.

Diese reichhaltige Soße ist eine gute Bereicherung für den milden Kürbisgeschmack.

Nußomelett

Süße, gewendete Patina. *Röste Pinienkerne und gehackte Nüsse. Zerdrücke sie mit Honig, Pfeffer, Fischsoße, Milch, Eiern, etwas Wein und Öl und wende die Mischung in einer kleinen, runden Pfanne.*
Apicius 4, 2, 16.

Aufräumen nach dem Gelage ist Sklavenarbeit. Vignette auf einer griechischen Vase.

FÜR VIER PERSONEN

1/2 Tasse (60 g) Mandelsplitter
1/2 Tasse (60 g) gehackte Walnüsse oder Haselnüsse
2 EL (30 g) Pinienkerne
1 EL (30 g) klarer Honig
2 EL (60 ml) Weißwein
2 EL (60 ml) Milch
1 EL (15 ml) Fischsoße oder Salz zum Abschmecken
6 Eier
gemahlener schwarzer Pfeffer
1 EL (15 ml) Olivenöl

Alle Nüsse mischen und 10 Minuten lang bei 180°C (Gas Stufe 4) im Ofen rösten. Anschließend gleichmäßig zu einer Größe von Brotkrumen zerstoßen. Diese Masse mit Honig, Wein, Milch, Fischsoße und den Eiern in einen Topf geben und geschmeidig schlagen. Reichlich mit schwarzem Pfeffer würzen. Das Olivenöl in einer Pfanne, in der nichts ansetzt, erhitzen, die Mischung hineingießen und wie ein Omelett 1 bis 2 Minuten lang backen und dann wenden. In Viertel schneiden und sofort servieren.

Der *Apicius* bietet keine Anweisung für die Zubereitung, aber es handelt sich eindeutig um ein süßes Omelett. Die Prise Fischsoße kann man natürlich durch Salz ersetzen.

Zu den griechischen und römischen Quellen der Rezepte

Es gab viele griechische Bücher, die von Speisen handelten. Beinahe die einzigen, die für den heutigen Leser erhalten geblieben sind, stammen von Ärzten. Damals, fast mehr noch als heutzutage, hielten viele Leute eine vernünftige Diät für eine Art Gesundheitsgarantie. Glücklicherweise gaben sich die Verfasser solcher Diät-Kochbücher bisweilen die größte Mühe, ein lückenloses Verzeichnis sämtlicher Zutaten der empfohlenen Gerichte mitzuliefern. Daher finden sich in diesem Kochbuch Namen wie Oreibasios und Galen. Galen war ein berühmter und sehr erfolgreicher griechischer Arzt, der um 120 n. Chr. in Rom praktizierte und Vorlesungen hielt. Oreibasios lebte im 4. Jahrhundert n. Chr. und war Leibarzt des letzten heidnischen römischen Kaisers, Julian „Apostata". Es gibt aber auch noch einen viel älteren griechischen Text aus der Zeit um 400 v. Chr., bekannt unter dem schlichten Titel *Regimen* („Diät"). Wir haben diesem Text keine Rezepte entnommen. Dennoch enthält er eine Fülle faszinierender Informationen über die griechische Diät der Antike. Manchmal wird behauptet, es handle sich um ein Werk des Hippokrates, des legendären Begründers der medizinischen Wissenschaft. Es ist sogar ins Deutsche übersetzt, während die Schriften von Galen und Oreibasios nicht in deutscher Sprache erhältlich sind. Der wahre Altmeister unter den Kochbuchautoren ist Archestratos, ein Grieche aus Sizilien aus der Zeit um 350 v. Chr. (Kapitel 3). Seine locker gefügte Dichtung *Leben im Luxus*, eine Abfolge lebensnaher Empfehlungen für den Kauf und die Zubereitung von Speisen, war schon in der Antike eine Rarität und ist heute leider ein für allemal verloren. Doch ein späterer Gelehrter, Athenaios, ein ägyptischer Grieche aus der Zeit um 200 n. Chr., der sich mit der Geschichte der Nahrungsmittel befaßte, hat ein paar Auszüge aus der Dichtung des Archestratos zitiert. Wir haben sie mit Freuden genutzt. Ausgewählte erhaltene Passagen aus dem *Leben im Luxus* sind ins Deutsche übersetzt.

Athenaios Buch *Deipnosophistoi* („Gelehrtenmahl") ist ebenfalls ein Schatzkästchen seltener Texte aus früherer Zeit. Auch aus dieser Quelle haben wir auf der Suche nach Rezepten aus verlorengegangenen griechischen Büchern geschöpft.

Die Kunst, für Feinschmecher zu kochen, kam wahrscheinlich mit griechischen Köchen nach Rom. Zu den Griechen, die in Rom Kochbücher verfaßten, gehörten unter anderen Chrysippos von Tyana und Paxamos, der als Erfinder der Plätzchen gehandelt wir. Ihre Schriften haben sich nur in Bruckstücken erhalten, über Athenaios und ein mittelalterliches griechisches Handbuch der Landwirtschaft, *Geoponika*. Daneben gibt es die Rezepte des Cato und anderer, die über Landwirtschaft schrieben.

Die Kochkunst des späten Römischen Reichs, die griechische und römische Überlieferungen vereint, ist in dem bekannten *Apicius*, einem Kompendium zur Kochkunst der alten Welt aufgezeichnet. Viele der bereits veröffentlichten Bücher über Speis und Trank im Rom der Antike sind Bearbeitungen dieser Sammlung. Wir haben versucht, ihren Blickwinkel auf die Küchengeheimnisse der Antike zu erweitern.

Zitierte Quellen und Querverweise

Bei den folgenden Hinweisen werden nur die Originalausgaben zitiert. In den meisten Fällen wird man – eventuell mit Hilfe eines Bibliothekars oder Buchhändlers – auf eine ältere oder modernere deutsche Übersetzung zurückgreifen können.

KÜCHENGEHEIMNISSE DER ANTIKE Die Philosophie von Musik und Kochen: *Regimen* (dem Hippokrates zugeschrieben) 1, 18.
ANTIKER LEBENSART AUF DER SPUR Der Koch in der Komödie: Plautus, *Pseudolus* 810-25. Der Koch mit dem Geschmack seines Herrn: Martial, *Epigrammata* 13, 200. Fischsoße: Martial, *Epigrammata* 13, 102; Rezepte, *Geoponica* 20, 46. Das Schicksal des Silphium: Plinius d. Ä., *Historia naturalis* 19, 39. Rosinenwein: Martial, *Epigrammata* 13,106; Plinius, *Historia Naturalis* 14, 80-5; Columella, *De re rustica* 12, 39.
DIE HEIMKEHR DES ODYSSEUS Kalypso und Odysseus: *Odysseia* 5, 194-201. Alkinoos' Obstgarten: *Odysseia* 7, 112-21. „...niemals Fisch aßen": Eubolus 118 (Athenaeus, *Epitome* 25c). Wein des Maron: *Odysseia* 9, 204-11; Plinius, *Historia naturalis* 14, 54. Pfannkuchen in griechischer Dichtung: Magnes und Cratinus, zitiert bei Athenaeus 646e, Hipponax, zitiert bei Athenaeus 645c. Kirkes *kykeon: Odysseia* 10, 233-6. Byzantinischer Gelehrter über *kykeon*: Erzbischof Eustathios von Thessalonike, *Parekbolai eis ten Homeru* 870, 65, vgl. Plutarch, *Sympo-sion ton hepta saphon*, 7,1. Karthagischer Brei: Cato, *De agricultura* 85. Dieuches, *Alphiton*, zitiert in Oribasius, *Med. Collectio* 4,6.
DAS GASTMAHL DES PHILOXENOS Philoxenos, *Symposion*: Auszüge aus Zitaten bei Athenaeus 685d, 146f und 642f. Agathons Symposion: Plato, *Symposion* 176e; 212c-e. Xenophon, *Symposion*. Aristoteles auf dem Sterbebett: Aulus Gellius, *Noctes Atticae* 13, 5. Galens Vorliebe für den Wein von Eresos, *Therapeutikes methodon biblia* 12, 4. Archestratos über *horaion*: Archestratos 38. Über die Heilkräfte von Kohl und ein Rezept für *oxymeli* mit Salz: Plinius, *Historia naturalis* 20, 81; 23, 60 (von dem griechischen Autor Dieuches); Cato, *De agricultura* 157, 7.
DIE MÄRKTE AM MITTELMEER Fünfmonatige Reise: *Peryplus* (dem Scylax zugeschrieben). Die Gaben des Dionysos: Hermippus 63, zitiert bei Athenaeus, *Epitome* 27e. Das Gesetz von Thasos: *IG* XII suppl. 347. Verächtlich über den Appetit des Archestratos schrieb Athenaeus 116f. Über *bonito* und Weizenbrot: Archestratos 13, 4. Über Demokrit und Weinsorten: Plinius, *Historia naturalis* 14, 20. Über Tyrenischen Export: *Ezechiel* 27, 17-33.
EIN HOCHZEITSFEST IN MAKEDONIEN Hippolochos, *Epistula ad Lynceum*: Ausschnitte aus einem längeren Zitat bei Athenaeus 128a. Oxyrhynchos Kochbuch: siehe *Opsartytika und Verwandtes* ed. F. Bilabel (Heidelberg, 1920). Archestratos über Hasen: Archestratos 57.
CATOS LANDGUT Über die Visite auf dem Gut, den Verkauf von Überschuß und die Aufbewahrung von Linsen: CATO, *De agricultura* 2, 1; 2, 7; 116. Catos Bemerkung über Lucius Veturis: Plutarch, *Cato Major* 9,6. Über den opimianischen Jahrgang und Investitionen in Wein: Plinius, *Historia naturalis* 14, 55; 14, 57.
DER REICHTUM DES IMPERIUMS Bauernhof-frisches Menü: Juvenal, *Satirica* II, 56-76. Trimalchios Fest: Petronius, *Satyricon*. Das priesterliche Mahl: Metellus Pius, zitiert bei Macrobius, *Saturnalia* 3, 13, 10-12. Das Essen, das Septicius Clarus verpaßte: Plinius der Jüngere, *Epistulae* 1, 15, 1-4. Wein-Moden: Plinius, *Historia naturalis* 14, 95-6. Griechische Rezepte für *conditum*: *Geoponica* 8, 31 (fälschlich dem Demokrit zugeschrieben). Vestiner Käse und Picentiner Brot: Plinius, *Historia naturalis* 11, 241; 18, 106.
AM HADRIANSWALL Horaz in Benevent: Horaz, *Satirae* 1, 5. Die Werbung im Gasthaus: *CIL* 9, 2689. Die Tagesrationen: Nr. 190 in Alan Bowman und J.D. Thomas, *The Vindolanda Writing-Tablets* (London, 1994); *acetum* mit „Essig" statt mit „saurer Wein für die Soldaten" zu übersetzen, erschien hier der geringen Menge wegen plausibler. Zu den Speisen, die in Britannien eingeführt wurden: siehe J. Grieg, „Plant foods in the past" in *Journal of Plant Foods* vol. 5 (1983), S. 179-214. Die aromatisierten Weine der Provence: Plinius, *Historia naturalis* 14, 68. Eierschneiden: Plato, *Symposion* 190d.
ABENDESSEN IN DEN BÄDER Tag und Nacht geöffnete Kneipen: Juvenal, *Satirae*, 8, 158-80. Straßengeräusche und -gerüche: Seneca, *Epistulae* 56, 2. Trimalchio in den Bädern: Petronius, *Satyricon* 27. Die Bäder des Tigellinus: vgl. Philostratus, *Vita Apoplonium Tyanensi* 4, 42. Die Konversation: *Kathemerine Homilia*, dem Pollux zugeschrieben (ed. A. Boucherie [1872]: „Joghurt" und „Halva" entsprechen ungefähr *colostrum* und *gelonianum*). Die Weine von Verona: Cassidorus, *Variae* 12, 4.

Weiterführende Literatur

Alföldi-Rosenbaum, E., Das Kochbuch der Römer. Zürich 1993 (10. Aufl.)

Anderson, B., The Wine Atlas of Italy. London 1950

André, J., L'Alimentation et la cuisine à Rome. Paris 1961

Apicius, De re coquinaria. Über die Kochkunst. Hrsg., übers. u. kommentiert von R. Maier. Stuttgart 1991

Brothwell, P. u. D., Manna und Hirse. Eine Kulturgeschichte der Ernährung. Mainz 1984

Carcopino, J., So lebten die Römer während des Kaiserreiches. Stuttgart 1959

Curtis, R.J., Garum und Salsamenta: production and commerce in materia medica. Leiden 1991

Dalby, A., Siren Feasts: a history of food and gastronomy in Greece. London 1995

Davidson, A., Maditerranean Seafood. London 1981.

Etienne, R., Pompeji. Das Leben in einer antiken Stadt. Stuttgart 1974

Flacelière, R., Griechenland. Leben und Kultur in klassischer Zeit. Stuttgart 1977

Gardner, J.F., Frauen im antiken Rom. München 1995

Gowers, E., The Loaded Table. Oxford 1993

Gozzini Giacosa, I., Genießen wie die alten Römer. Frankfurt am Main 1995

Peschke, H.-P. und Feldmann, W., Kochen wie die alten Römer. Zürich 1995

Pleticha, H. u. Schönberger, O., Die Römer. Ein Lexikon. Gütersloh 1977

Pleticha, H. u. Schönberger, O., Die Griechen. Ein Lexikon zur Geschichte des klassischen Griechenlands. Bergisch Gladbach 1984

Pleyel, P., Küchengeheimnisse. Würzburg 1995

Schievelbusch, W., Kulturgeschichte des Essens. München 1979

Stadtländer, Ch., Von Gaumenfreuden und Genießen – Tafelfreuden von der Antike bis in unsere Zeit. Wien 1962

Tanahill, R., Die Weinkultur der Römer. München 1979

Weeber, K.-W., Die Weinkultur der Römer. München 1970

Woschek, H.-G., Der Wein. Geschichte und Geschichten über Jahrtausende. München 1971

Younger, W., Gods, Men and Wine. London 1966.

Bildnachweis

Der Verlag dankt folgenden Institutionen für die Bereitstellung von Bildmaterial:
The Trustees of the British Museum, London, pages 1, 3, 12, 14, 15, 35, 43, 44, 45, 51, 53, 57, 58, 59, 69, 70, 72, 73, 74, 84, 88, 94, 115, 118, 122; The J. Paul Getty Museum, Malibu 2, 6, 13, 17, 21, 27, 29, 30, 31, 33, 39, 47, 54, 64, 67, 83, 107, 110, 129, 131, 134; Ashmolean Museum, Oxford 11, 71, 139; Bibliothèque Nationale, Paris 22; Mansell Collection, London (Museo Nazionale, Rom) 25; Museum of Antiquities, University of Newcastle upon Tyne 18; Scala Istituto Fotografico Editoriale SpA, Florenz (Museo Nazionale, Neapel) 23, 87, 99, (Pompeji) 102; Idryma Theras (Thera Foundation) 63; Vatikanische Museen 61, 77, 93, 105, 116, 120, 121, 125, 127, 133; Martin von Wagner Museum, Universität Würzburg (Photo: K. Oehrlein) 79. Die Strichzeichnung auf Seite 47 ist F. Lissarrague, *Un Flot d'images*, Adam Biro, Paris, 1987, Seite 70 (Antikensammlungen, München) entnommen; alle übrigen stammen von Sue Bird.

Index

Kursive Seitenzahlen beziehen sich auf Abbildungen